和尚さんにきいてみよう！

大切なこころのはなし

南泉和尚 著

ナツメ社

はじめに

10歳《さい》を過《す》ぎて、少《すこ》しずつ大人《おとな》の入《い》り口《ぐち》に近《ちか》づいたあなたへ

これまでとは異《こと》なるさまざまなやみが、あなたに生《う》まれるでしょう。

友《とも》だちや学校《がっこう》のことで、こころがモヤモヤすることもあるでしょう
自分《じぶん》のことで、こころがモヤモヤすることもあるでしょう
社会《しゃかい》のルールのことで、こころがモヤモヤすることもあるでしょう
家族《かぞく》のことでも、こころがモヤモヤすることもあるでしょう

でもね、心配《しんぱい》しなくて大丈夫《だいじょうぶ》。

こころがモヤモヤしているときって、じつは答《こた》えを見《み》つけようとしている合図《あいず》なんだ。

南泉和尚《なんせんおしょう》は、今《いま》でもこころがモヤモヤすることがあるよ。そんなときは、いつも思《おも》うんだ。

〝来《き》たな！〟って。

〝よし、もうすぐ答《こた》えが見《み》つかるぞ！〟ってね。


すぐには、答《こた》えが見《み》つからないけど、心配《しんぱい》はいらない。時間《じかん》はかかるかもしれないけ

ど、いつか、スッキリしてしまうよ。

この本《ほん》では、こころがモヤモヤする、たくさんのことについて、見方《みかた》、とらえ方《かた》をまとめてあるよ。

そして、仏教《ぶっきょう》を開《ひら》いたお釈迦様《しゃかさま》が残《のこ》してくれた〝ことば〟も紹介《しょうかい》しているよ。

あなたが、これからすてきな大人《おとな》になって、人生《じんせい》をしっかり、ハッピーに生《い》きていくためのヒントになるように、こころをこめて書《か》いたんだ。

気軽《きがる》に楽《たの》しむ気持《きも》ちで読《よ》んでね。

保護者の方へ

子どもたちが、いだくさまざまな悩みは、少し見方を変えることで解決の糸口が見つかることがあります。

この本は、子ども向けではありますが、大人でもいろいろな気づきが得られると思います。

お釈迦様のことばにふれ、考え方や人との接し方を変えるヒントになれば幸いです。

お釈迦様の願いは、みんながハッピーに生きていくことです。

ご家族みんなが幸せであるように祈りをこめて、この本を書きました。

一家に一冊。迷ったり悩んだら、この本を手に取り、ページをめくって下さい。きっとこころが軽くなるはずです。

この本が、多くの子どもたち、ご家族の手に届き、たくさんの方のお役にたつことを願っています。

和尚《おしょう》さんにきいてみよう！

大切《たいせつ》なこころのはなし　もくじ

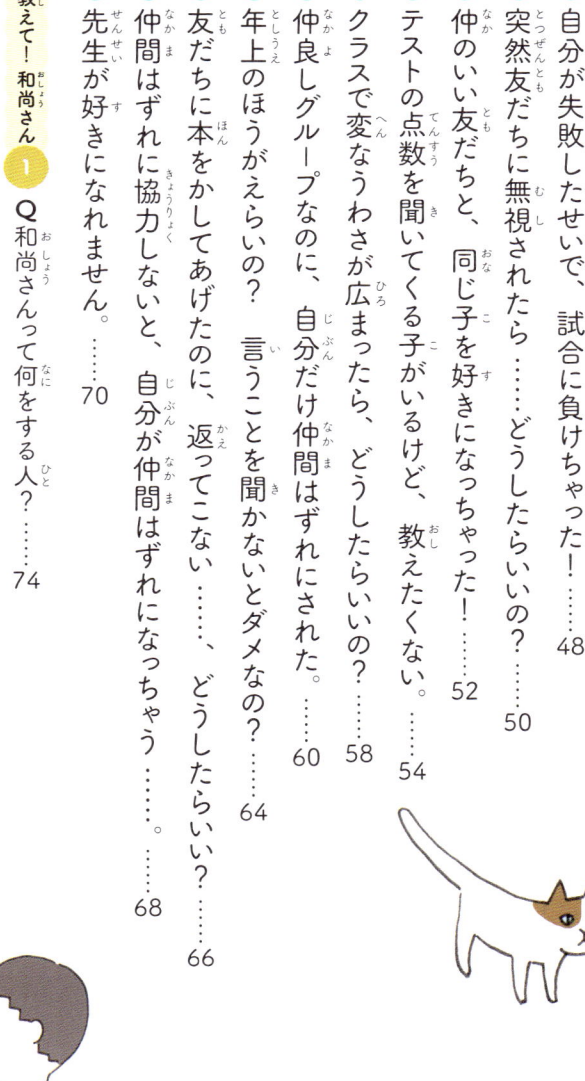

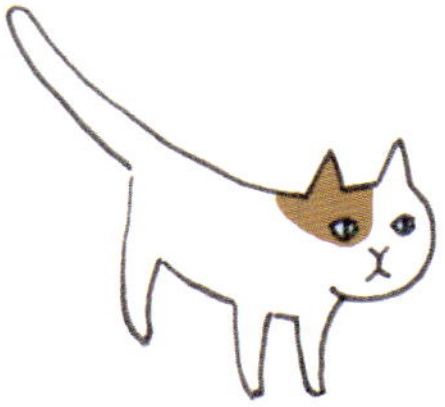

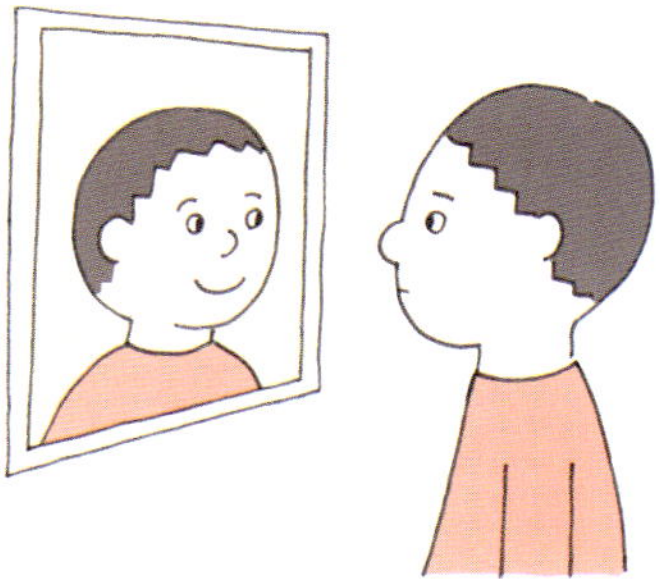

ブックデザイン　鷹觜麻衣子
イラスト　祖父江ヒロコ
校正　みね工房
編集協力　株式会社童夢
編集担当　田丸智子（ナツメ出版企画）

お釈迦様《しゃかさま》って、どんな人《ひと》？

お釈迦様《しゃかさま》は、実際《じっさい》に生《い》きた実在《じつざい》の人《ひと》です。お名前《なまえ》を、ゴータマ＝シッダールタといいました。お釈迦様《しゃかさま》のことをインドのことばでブッダ（Buddha）といい、ブッダを漢字《かんじ》にして「仏陀《ぶつだ》」です。ここから、仏様《ほとけさま》になりました。お悟《さと》りを開《ひら》いて、仏陀《ぶつだ》になったのです。

この本《ほん》に書《か》かれているお釈迦様《しゃかさま》のことばは、みんな、お経《きょう》に書《か》かれていることばです。お経《きょう》は、お釈迦様《しゃかさま》が説《と》いた教《おし》えが書《か》かれたものなのです。インドの古《ふる》いことばで書《か》かれたものが、残《のこ》されてきました。

お釈迦様《しゃかさま》の教《おし》えは、みんなに幸《さち》あれと願《ねが》う教《おし》えです。その教《おし》えにそった生《い》き方《かた》をすれば、幸《しあわ》せになれます。

お経《きょう》は、幸《しあわ》せな毎日《まいにち》を過《す》ごすための道《みち》しるべなんです。

大《おお》きな海《うみ》を船《ふね》で進《すす》むとき、航海図《こうかいず》という道《みち》しるべがあるので、目的地《もくてきち》に着《つ》くことができます。人生《じんせい》にも道《みち》しるべが必要《ひつよう》です。人生《じんせい》の道《みち》しるべは、お経《きょう》にみんな書《か》いてあります。

この本《ほん》で紹介《しょうかい》したお釈迦様《しゃかさま》のことばをしっかりおぼえて、実際《じっさい》に行動《こうどう》すれば、こころが清《きよ》らかになり、よい人《じん》生《せい》を過《す》ごすことができるでしょう。

この本《ほん》の使《つか》い方《かた》

この本《ほん》は、こころについてのモヤモヤやなやみについて、南泉和尚《なんせんおしょう》がお釈迦様《しゃかさま》のことばや、これまでの経験《けいけん》をふまえて、こたえる形式《けいしき》になっています。ひとつのモヤモヤについて、2ページか4ページでこたえていますので、すぐに読《よ》むことができます。何度《なんど》もくり返《かえ》し読《よ》んでみましょう。

こころのモヤモヤやなやみ

友《とも》だちや自分《じぶん》、家族《かぞく》など、小《しょう》・中学生《ちゅうがくせい》のみなさんの身近《みぢか》なぎもんやなやみです。ふだん感《かん》じていることと同《おな》じようなモヤモヤが、きっとあります。

お釈迦様《しゃかさま》のことば

色《いろ》がついた太《ふと》い文字《もじ》は、こころのモヤモヤやなやみに合《あ》わせて、南泉和尚《なんせんおしょう》が選《えら》んだ、お釈迦様《しゃかさま》のことばです。お釈迦様《しゃかさま》のことばは、幸《しあわ》せに生《い》きるためのヒントになります。

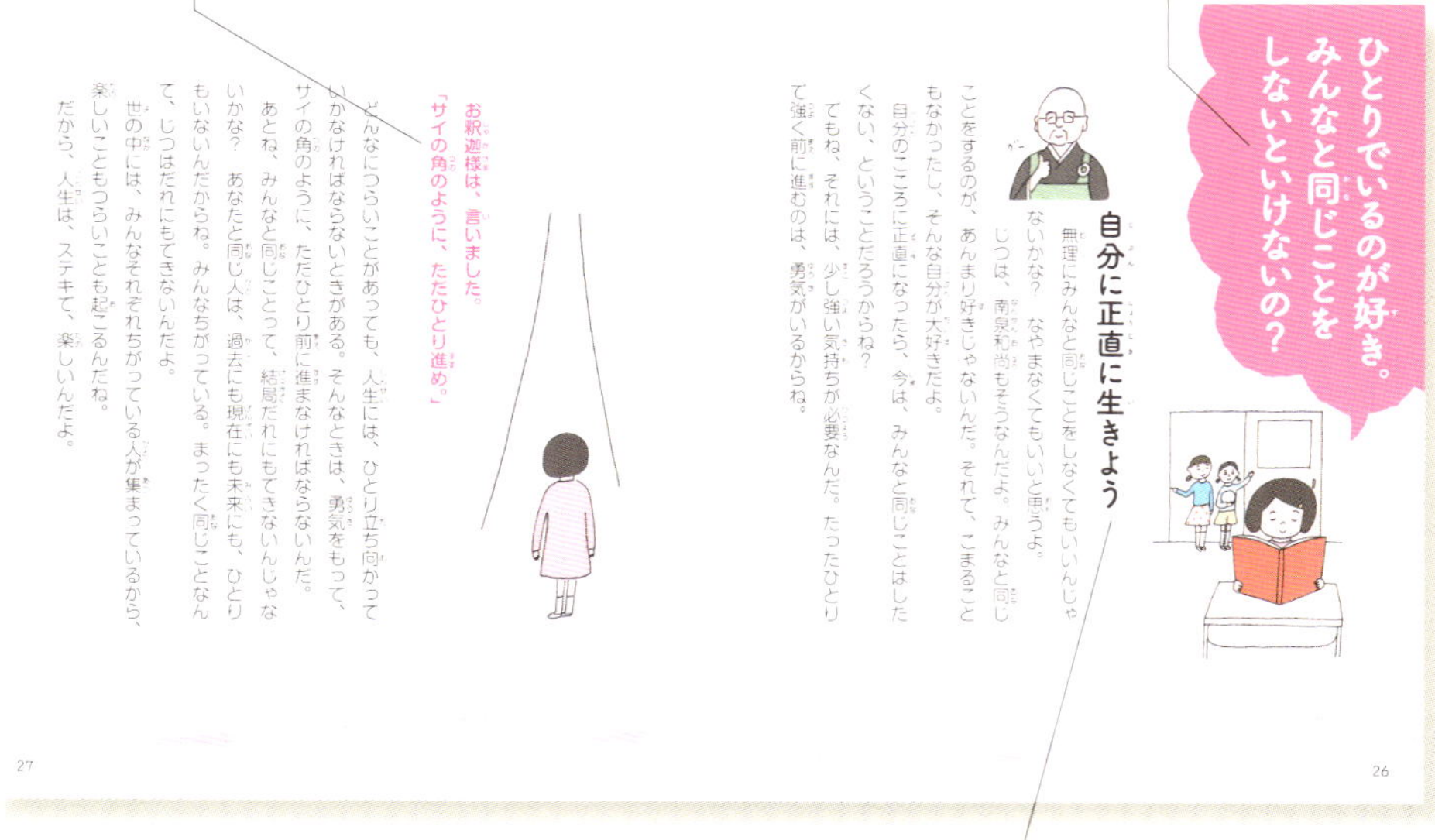

ひとりでいるのが好き。みんなと同じことをしないといけないの？

自分に正直に生きよう

無理にみんなと同じことをしなくてもいいんじゃないかな？　なやまなくてもいいと思うよ。

じつは、南泉和尚もそうなんだよ。それで、こまることもなかったし、そんな自分が大好きだよ。みんなと同じことをするのが、あんまり好きじゃないんだ。

自分のこころに正直になったら、今は、みんなと同じことはしたくない、ということだろうからね？

でもね、それには、少し強い気持ちが必要なんだ。たったひとりで強く前に進むのは、勇気がいるからね。

26

お釈迦様は、言いました。

「サイの角のように、ただひとり進め。」

どんなにつらいことがあっても、人生には、ひとり立ち向かっていかなければならないときがある。そんなときは、勇気をもって、サイの角のように、ただひとり前に進まなければならないんだ。

あとね、みんなと同じことって、結局だれにもできないんじゃないかな？　あなたと同じ人は、過去にも現在にも未来にも、ひとりもいないんだからね。みんなちがっている。まったく同じことなんて、じつはだれにもできないんだよ。

世の中には、みんなそれぞれちがっている人が集まっているから、楽しいこともつらいことも起こるんだね。

だから、人生は、ステキて、楽しいんだよ。

27

南泉和尚《なんせんおしょう》の一言《ひとこと》

南泉和尚《なんせんおしょう》からのアドバイスを一言《ひとこと》にまとめています。

友《とも》だちや学校《がっこう》での こころのモヤモヤ

失敗《しっぱい》したり、こまったりしたとき、友《とも》だちがいると、きっと助《たす》けてくれるよ。

どうして悪口《わるぐち》を言《い》ってはいけないの？

こころをよごさないため

それはね、悪口《わるぐち》を言《い》うと、こころがよごれてしまうからだよ。ことばには、とても強《つよ》い力《ちから》があって、きみが思《おも》っている以上《いじょう》に人《ひと》にえいきょうをあたえるんだ。

悪口《わるぐち》は目《め》には見《み》えないけど、するどい刃《は》をもったナイフのように、人《ひと》のこころをきずつけてしまうことがある。

そして、きずつけるのは、人《ひと》のこころだけじゃないよ。じつは、悪口《わるぐち》を言《い》った人《ひと》のこころがよごれてしまうんだ。自分《じぶん》では、気《き》がつかないけど、悪口《わるぐち》を言《い》うたびに、こころにほこりがどんどんつもっ

てしまう。

逆《ぎゃく》に、いいことばには、こころを清《きよ》らかにする大《おお》きな力《ちから》があるんだよ。

お釈迦様《しゃかさま》は、言《い》いました。

「一度《いちど》口《くち》から出《で》たことばを、もう一度《いちど》からだにもどすことはできないよ。食《た》べたものを口《くち》からはいて、もう一度《いちど》もどすことができないように。

だから、どんなことばを選《えら》んでおはなしするか、よく考《かんが》えてはなしをしなければならないよ。」

悪口《わるぐち》を言《い》ったら、幸《しあわ》せがにげていくんだ。自分《じぶん》のこころも相手《あいて》のこころも清《きよ》らかでいるように、いいことばを使《つか》おう。

そうすると、みんながハッピーになれるからね。

どうして うそをついちゃ だめなの？

こころがいたくなるから

うそは、ついてはいけません。でも、どうしてなのか、考《かんが》えてみようか。

あなたには、とっても大切《たいせつ》にしている友《とも》だちがいますか？　その友《とも》だちもきっと同《おな》じように、あなたのことを大切《たいせつ》だと思《おも》っているはずです。

あなたが大切《たいせつ》だと思《おも》っている友《とも》だちから、もしうそをつかれたら、どんな気《き》持《も》ちになるかな？　きっと、すごくいやな気《き》持《も》ちになるはずだ。こころは、いたくていたくて、悲《かな》しい気《き》持《も》ちで、いっぱいになってしまう。

あなたがうそをついたら、相手《あいて》の人《ひと》も同《おな》じ気持《きも》ちになるんだよ。

だからうそをついてはいけないんだ。

もし、ついたうそがばれなかったら、それでいいのかな？　でも、あなたがうそをついたことを、ずっと知《し》っている人《ひと》が、いるよね？　そう、あなた自身《じしん》。あなた自身《じしん》は、うそをついたことをはじめから知《し》っている。あなた自身《じしん》にうそをつきつづけることなんか、できないはずだよ。

お釈迦様《しゃかさま》は、言《い》いました。

「もし相手《あいて》がうそをついたとしたら、（自分《じぶん》は）正《ただ》しいことを言《い》って勝《か》とう。」

うそをつかれても、

うそで返《かえ》さないことだね。

きらいな子《こ》とも仲良《なかよ》くしないといけないの？

いいところを見《み》つけてみよう

あなたには、きらいな子《こ》がいるんだね？　でも、どうしてきらいなのかな？　何《なに》かきっかけがあったのかな？

お釈迦様《しゃかさま》は、「すべてのものごとは、苦《く》である」と言《い》っているんだよ。苦《く》というのは、わたしたちが、ふだん使《つか》っている苦《くる》しいとか、苦《くる》しみとかいうことじゃなくて、「思《おも》うようにならないこと」。それを、「一切行苦《いっさいぎょうく》」っていうんだけど、むずかしいね？

生《い》きていると、思《おも》うようにならないことばかりあるでしょう？

きらいな子《こ》に会《あ》うというのも、そのひとつだね。

お釈迦様《しゃかさま》は、言《い》いました。
「怨憎会苦《おんぞうえく》　うらみをもった人《ひと》やにくいなと感《かん》じている、きらいな人《ひと》に会《あ》うこともある。それは、思《おも》うようにならないことなんだ。」

２千《せん》５百年《ひゃくねん》も昔《むかし》から、きらいな人《ひと》に会《あ》うのは、みんなつらかったんだね。

きらいな子《こ》のことだけど、もしかしたら、あなたがその子《こ》のことをよく知《し》らないだけかもしれないよ。じつは、その子《こ》のよくないところばかりを見《み》て、「あの子《こ》、きらい！」って、思《おも》いこんでしまっているのかもしれません。そんなときは、「きらい」と思《おも》いこんでしまった子《こ》のいいところがないか、見《み》つけてごらん。

人《ひと》には、かならずいいところがあるんだ。そのいいところを見《み》つけたら、その子《こ》にそっと教《おし》えてあげてごらん。そんなことがきっかけで、仲《なか》良《よ》くなっちゃうかもしれないね。

不《ぶ》器《き》用《よう》な子《こ》を見《み》ると、いじめたくなる。どうしたらいい？

他人《たにん》より、自分《じぶん》を見《み》よう

いじめたくなる、どうしたらいいの？　それは、聞《き》かなくてもわかっているよね？　いじめてはいけません。

でも、どうしていじめたい気《き》持《も》ちになるのか、そのこころについて、知《し》りたいのかな？

あなたは、不《ぶ》器《き》用《よう》な子《こ》をどんなふうに思《おも》っているのだろう？　不《ぶ》器《き》用《よう》だということをよくないこと、人《ひと》よりおとっていること、というふうに思《おも》っていませんか。

では、器《き》用《よう》と不《ぶ》器《き》用《よう》って、何《なに》がちがうのでしょうか。器《き》用《よう》と不《ぶ》器《き》

用《よう》を分《わ》けているのは、一体《いったい》なんなのですか？

じつは、あなたが決《き》めていませんか？

器用《きよう》だなと思《おも》う子《こ》は、あなたから見《み》て器用《きよう》で、不器用《ぶきよう》だなと思《おも》う子《こ》は、あなたから見《み》て、不器用《ぶきよう》だと決《き》めているにすぎないのではないかな？

あなたは、自分《じぶん》のことではなく、他人《たにん》の行動《こうどう》ばかりを見《み》ていませんか？　あなたが見《み》るべきものは、他人《たにん》ではありません。自分自身《じぶんじしん》です。

お釈迦様《しゃかさま》は、言《い》いました。

「ほかの人《ひと》の、あやまり（まちがい）を見《み》てはいけない。ほかの人《ひと》のしたことや、しなかったことも見《み》てはいけない。ただ、自分《じぶん》がしたことと、しなかったことだけを見《み》なさい。」

自分《じぶん》のものさしで、ほかの人《ひと》を見《み》て不器用《ぶきよう》だと見《み》ることをやめ、ただ自分自身《じぶんじしん》がしたか、しなかったかだけを見《み》れば、いじめたくなるこころも起《お》きなくなるね。

なんでも上手《じょうず》にできる子《こ》を見《み》ると、にくたらしくなります。

他人《たにん》と自分《じぶん》をくらべない

なんでも上手《じょうず》にできる子《こ》っているよね？　ほんと。ほとんど練習《れんしゅう》しなくても、いろいろなスポーツが上《じょう》手《ず》で、頭《あたま》もよくて、勉強《べんきょう》もできる子《こ》。にくたらしく思《おも》うのは、無理《むり》もないのかな？

でも、そんな気持《きも》ちをいつまでも、もちつづけてはいけません。にくいと思《おも》ったことは、しかたがないのだけど、にくいと思《おも》っても、すぐにわすれてください。

なんでも上手《じょうず》にできる子《こ》って、きっとなやみも不安《ふあん》もないんだろうって、思《おも》っていませんか？　そんなことは、ありません。どんなになんでも上手《じょうず》にできる子《こ》だって、なやみや不安《ふあん》でいっぱいなんです。なんでも上手《じょうず》にできる子《こ》は、じつは、みんなに見《み》えないところで、一生《いっしょう》けんめい練習《れんしゅう》をしているかもしれませんよ。

他人《たにん》と自分《じぶん》をくらべてもしかたがありません。自分《じぶん》が精《せい》いっぱいできることを、一生《いっしょう》けんめいに、はげめばいいのです。

お釈迦様《しゃかさま》は、言《い》いました。

「自分《じぶん》だけが、自分《じぶん》の主《あるじ》なのです。どうしてほかの人《ひと》が、自分《じぶん》の主《あるじ》になるでしょうか？

自分自身《じぶんじしん》をよくととのえるようにはげみさない。そうすれば、だれにも手《て》にすることができない主《あるじ》が、手《て》に入《はい》るでしょう。」

ほかの人《ひと》と自分《じぶん》をくらべてもしかたありません。自分《じぶん》が自分《じぶん》の主《しゅ》人公《じんこう》になって、精《せい》いっぱいできることを一生《いっしょう》けんめいにはげめばいいだけだよ。

だから、上手《じょうず》な子《こ》からは、上手《じょうず》なやり方《かた》をまねすればいいんだ。

友《とも》だちって、どうやってつくればいいの？

あいさつからはじめよう

なかなか友《とも》だちができないんだね？　そして、なんだかはずかしいって思《おも》って、はなしかけることができないんだね？　でも、友《とも》だちがほしいんだね？

友《とも》だちをつくるには、どうすればいいだろうか？

まず、自分《じぶん》のこころにはなしかけるんだ。自分《じぶん》から、友《とも》だちになるって。だけど、この子《こ》は友《とも》だちだけど、あの子《こ》は友《とも》だちじゃない、なんて思《おも》わないこと。みんな友《とも》だち。あなたと会《あ》った人《ひと》、みんなと友《とも》だちになるって、自分《じぶん》のこころにはなしかけてみよう。

すると、不思議《ふしぎ》なことに、どんな人《ひと》とも友《とも》だちになれるんだよ。

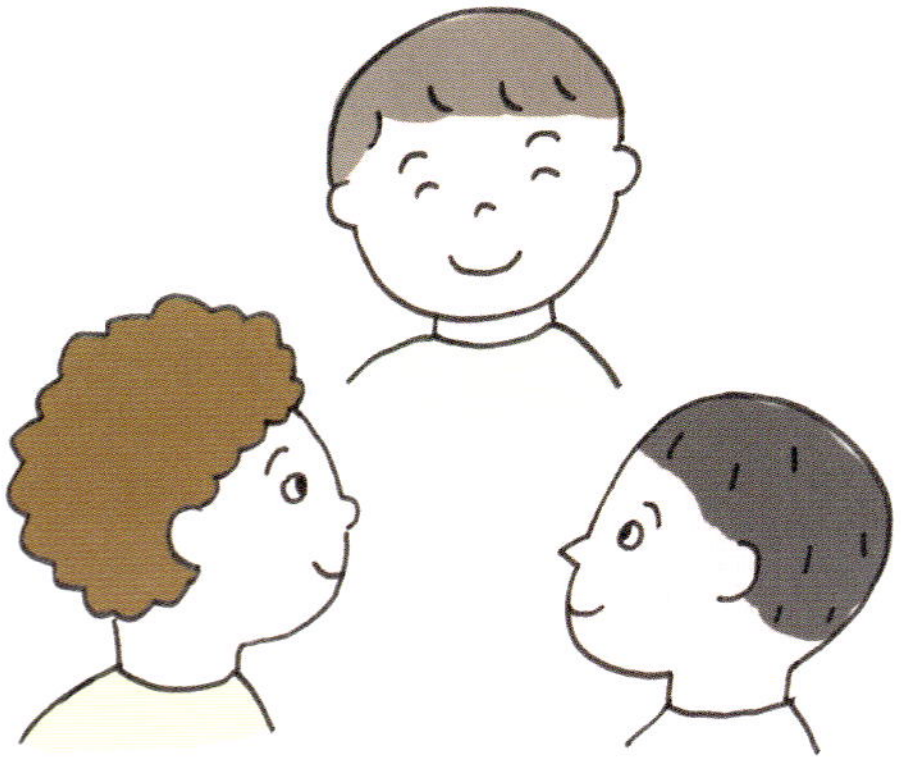

はじめて会《あ》う人《ひと》なら、自分《じぶん》からしっかりあいさつしよう。そして、自分《じぶん》の名前《なまえ》を言《い》うんだ。たとえば、こんなふうに。

「おはようございます。わたしは南泉和尚《なんせんおしょう》といいます。会《あ》えてうれしいです。」

いつも会《あ》っていて、名前《なまえ》を知《し》っている人《ひと》と、その日《ひ》はじめて会《あ》ったなら、「○○さん、おはよう!」って。

そして、笑顔《えがお》でいるんだ。おだやかな笑顔《えがお》でいることは、どんなことばよりも、相手《あいて》に気持《きも》ちが通《つう》じるよ。自分《じぶん》が先《さき》に、相手《あいて》を友《とも》だちだって思《おも》っているんだから、あなたには、もうたくさんの友《とも》だちがいるってことになっちゃうね。

友《とも》だちができたら、どうすればいいだろうか?
楽《たの》しいときは、友《とも》だちといっしょに楽《たの》しもう。友《とも》だちといっしょに笑《わら》おう。もし友《とも》だちにつらいことがあったら、ただ、そばにいてあげよう。無理《むり》やりは

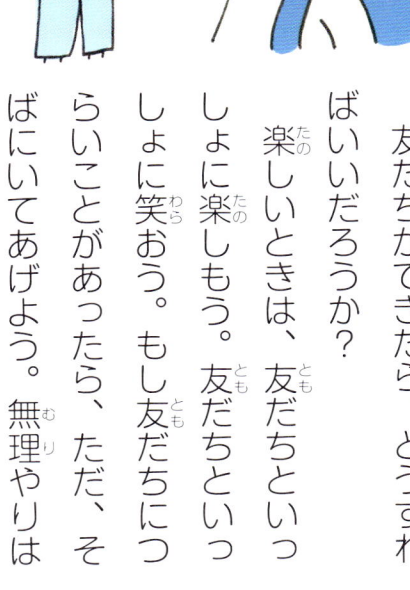

なしかけなくてもいいんだ。そばにいてあげるだけで、友《とも》だちに気持《きも》ちは伝《つた》わるよ。

お釈迦様《しゃかさま》は、言《い》いました。

「大《おお》きなことであろうとも、小《ちい》さなことであろうとも、何《なに》か事《こと》があったときに、友《とも》だちがあるのは、楽《たの》しい。」

わたしは、あなたの友《とも》だち。あなたの友《とも》だちも、わたしの友《とも》だち。みんな友《とも》だち。

みんな大好《だいす》き！

親友っていたほうがいいの？

南泉和尚《なんせんおしょう》は、若《わか》いころ、たくさんの友《とも》だちがいました。でも、親友《しんゆう》とよべる友《とも》だちは、ほんの数人《すうにん》です。学校《がっこう》が同《おな》じに

なったことのない親友《しんゆう》もいます。きっかけはなんだったか、よくおぼえていないのだけれど、今《いま》でもずっと親友《しんゆう》としてつながっています。

楽《たの》しいことも、つらいこともなんでもわかり合《あ》えるのが、親友《しんゆう》。親友《しんゆう》がひとりでもいると本当《ほんとう》に心強《こころづよ》いよね。楽《たの》しいことが何倍《なんばい》にも広《ひろ》がるし、つらいことや悲《かな》しいことが、何倍《なんばい》も少《すく》なくなる。

でも、無理《むり》やりつくろうとしなくて、いいんじゃないかな?

人《ひと》と人《ひと》って、いつどのような形《かたち》で会《あ》うのか、まったくわからないのだから。でも、出会《であ》うのをずっと待《ま》っていてもいけないと思《おも》うんだ。たくさんの友《とも》だちと会《あ》おうという気持《きも》ちは、もっていたいものだね。

ひとりでいるのが好《す》き。みんなと同《おな》じことをしないといけないの？

自分《じぶん》に正直《しょうじき》に生《い》きよう

無理《むり》にみんなと同《おな》じことをしなくてもいいんじゃないかな？　なやまなくてもいいと思《おも》うよ。

じつは、南泉《なんせん》和尚《おしょう》もそうなんだよ。みんなと同《おな》じことをするのが、あんまり好《す》きじゃないんだ。それで、こまることもなかったし、そんな自分《じぶん》が大好《だいす》きだよ。

自分《じぶん》のこころに正直《しょうじき》になったら、今《いま》は、みんなと同《おな》じことはしたくない、ということだろうからね？

でもね、それには、少《すこ》し強《つよ》い気持《きも》ちが必要《ひつよう》なんだ。たったひとりで強《つよ》く前《まえ》に進《すす》むのは、勇気《ゆうき》がいるからね。

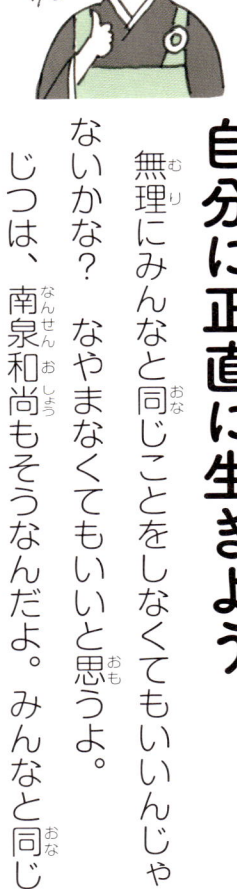

お釈迦様《しゃかさま》は、言《い》いました。
「サイの角《つの》のように、ただひとり進《すす》め。」

どんなにつらいことがあっても、人生《じんせい》には、ひとり立《た》ち向《む》かっていかなければならないときがある。そんなときは、勇気《ゆうき》をもって、サイの角《つの》のように、ただひとり前《まえ》に進《すす》まなければならないんだ。

あとね、みんなと同《おな》じことって、結局《けっきょく》だれにもできないんじゃないかな？　あなたと同《おな》じ人《ひと》は、過去《かこ》にも現在《げんざい》にも未来《みらい》にも、ひとりもいないんだからね。みんなちがっている。まったく同《おな》じことなんて、じつはだれにもできないんだよ。

世《よ》の中《なか》には、みんなそれぞれちがっている人《ひと》が集《あつ》まっているから、楽《たの》しいこともつらいことも起《お》こるんだね。

だから、人生《じんせい》は、ステキで、楽《たの》しいんだよ。

人《ひと》からたのまれると、イヤと言《い》えません。

たよりにされているのかな？

そうそう、人《ひと》から何《なに》かをたのまれると、ことわれなくて、ついつい、「いいよ！」なんて受《う》けちゃうんだよね。ことわると、きらわれるんじゃないかって、ちょっと心配《しんぱい》になったり、ことわるのはなんだか悪《わる》いかなとも思《おも》ったりしてしまうんだよね。

でも、こころの中《なか》では、イヤだな、なんでわたしなの？　なんて思《おも》ってしまう。

それで、自分《じぶん》でいろいろとしょいこんじゃって、つらい思《おも》いをするのは結局《けっきょく》自分《じぶん》、なんてことあるよね？

南泉和尚《なんせんおしょう》も、経験《けいけん》したことがあるよ。

でも、ちょっとだけ考《かんが》えてみよう。あなたに、何《なに》かをたのむ人《ひと》は、なぜあなたにいろいろなことをたのむのかな？　その人《ひと》が、楽《らく》をしたいから？　あるいは、ズルをしたいからかな？　それとも、あなたのことを、とってもたよりにしているからなのかな？

もしたのんだ人《ひと》が、自分《じぶん》が楽《らく》をしたいだけだとしたら、どう思《おも》う？　それは、あなたのかぎられた時間《じかん》が、その人《ひと》のためにうばわれてしまうことになるんだ。だから、きっぱりとことわ

らなければならないよ。

ことわったことで、相手《あいて》が「友《とも》だちじゃないよ！」なんて言《い》ってきても、気《き》にしないコト。

善《よ》き友《とも》と交《まじ》わると、善《よ》き人《ひと》になるけど、よくない人《ひと》と交《まじ》わると、悪《わる》い人《ひと》になっちゃうからね。

あなたのことをただ、利用《りよう》しようなんて思《おも》って、あなたにものをたのんでくるような人《ひと》とは、少《すこ》しはなれてみたほうがいいよ。

お釈迦様《しゃかさま》は、言《い》いました。
「たとえ他人《たにん》にとって、とても大事《だいじ》なことであろうとも、他人《たにん》の目《もく》的《てき》のために、自分《じぶん》のつとめをすて去《さ》ってはならない。自分《じぶん》の目的《もくてき》をよく知《し》って、自分《じぶん》のつとめにはげみなさい。」

まずは、自分《じぶん》のこころに正直《しょうじき》になろう。イヤなことは「イヤ」と言《い》っていいんだよ。ほかの人《ひと》の目的《もくてき》ではなく、自分《じぶん》の今《いま》やるべきことを、精《せい》いっぱいにはげむことから、取《と》り組《く》もう。

みんなから、空気《くうき》が読《よ》めないって言《い》われます。

人《ひと》のはなしをよく聞《き》いてみる

まわりの友《とも》だちから、「空気《くうき》が読《よ》めないね」って言《い》われるのですね。でも、自分《じぶん》では、そんなこと気《き》がつかない。空気《くうき》が読《よ》めないということが、どんなことだか、わからないんだよね。どうも、それが、空気《くうき》が読《よ》めない人《ひと》の特徴《とくちょう》のようだよ。

空気《くうき》が読《よ》めないと何《なに》がこまるのかというと、仲間《なかま》どうしの楽《たの》しいふんいきをこわして、仲間《なかま》がはなれてしまうからだよね。

どんなときに、空気《くうき》が読《よ》めないねって言《い》われたことがあるのか、考《かんが》えてみようか。みんなではなしていることとは、まったくちがう

ことを言《い》っちゃった。みんなが、気《き》にして、ことばにしないでいることを、ズバッと言《い》っちゃって、だれかのこころをきずつけたり。そんなときかな？

空気《くうき》が読《よ》めないって言《い》われるときって、人《ひと》のはなしを聞《き》いていない、自分《じぶん》のことばかり言《い》ってしまう、まわりの人《ひと》の気持《きも》ちをわかろうとしていないときが多《おお》いようなんだ。

どうすればいいのかというと、「人《ひと》のはなしをよく聞《き》く」ことに、こころを決《き》めることが、大事《だいじ》だね。自分《じぶん》のことをはなすのではなく、人《ひと》のはなしを聞《き》く。それも思《おも》いやりのこころをもって聞《き》くこと。

お釈迦様《しゃかさま》は、言《い》いました。

「あらゆるいのちあるものに、いつくしみのこころを向《む》けていこう。」

友《とも》だちだけじゃなく、家族《かぞく》にも、だれにでも、やさしいこころで、一生《いっしょう》けんめいにはなしを聞《き》いてあげて、やさしいことばをはなせば、空気《くうき》が読《よ》めないなんて、言《い》われなくなるんじゃないかな。

友《とも》だちとケンカしたとき、あやまれない。

うらむ気《き》持《も》ちはすてよう

友《とも》だちとケンカをしてしまった。でも、自分《じぶん》からはあやまれない。あやまりたいけど、あやまれないのは、どうしてだろう？

自分《じぶん》からは、あやまれないということは、相手《あいて》に先《さき》にあやまってほしいということなのかな？　自分《じぶん》が悪《わる》くないと思《おも》っているから、あやまれないのかな？

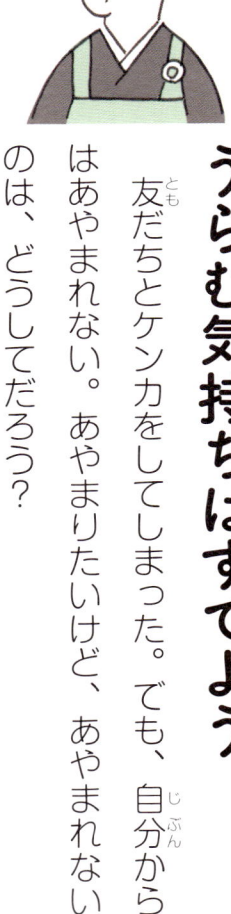

でも、本心《ほんしん》では、あやまりたいんだね。あやまりたいのは、どんな気《き》持《も》ちだからかな？

こんなときは、たとえ、自分《じぶん》が悪《わる》くないと思《おも》っていても、先《さき》にあやまってしまおう。

どんなことが、きっかけで、ケンカになってしまったのか？　それは、考《かんが》えなくてもいいんだ。だけど、ケンカをしてしまったのは、事実《じじつ》。だから、ケンカをしてしまったことをあやまろう。

こころのおくでは、ケンカなんか、したくなかったんだと思《おも》っているよね？　できることなら、ケンカは、したくないよね。

このケンカを終《お》わらせるために、怒《いか》りの気持《きも》ちをすて去《さ》って、さっぱりとあやまってしまおう。

相手《あいて》が、何《なに》か悪《わる》いことを先《さき》にして、あなたがカッとなったとしても、やり返《かえ》してはいけないよ。やり返《かえ》したら、ケンカはずっと、つづいてしまう。

そんな毎日《まいにち》は、楽《たの》しくないよ。

お釈《しゃ》迦《か》様《さま》は、言《い》いました。
「この世《よ》で、うらみに対《たい》して、うらみで返《かえ》したら、うらみがやむことはない。
うらむ気《き》持《も》ちをすててしまうことで、うらみは、やむんだ。
これは、これからもずっとつづく、正《ただ》しい道《みち》だ。」

いやなことをされても、相手《あいて》をにくらしいと思《おも》っても、うらみで返《かえ》したら、その気《き》持《も》ちは、ずっとつづくんだ。

だから、うらみやにくしみという気持《きも》ちを、すっとすててしまおう。
どちらが悪《わる》いなんて、関係《かんけい》ない。相手《あいて》より先《さき》に、あやまってしまえば、いいことだよ。

みんながどう思《おも》うかが気《き》になって、自分《じぶん》の思《おも》っていることを言《い》えない。

けなされても、ほめられてもいい

あなたが思《おも》っていることを言《い》って、みんながどう思《おも》うかってことが、気《き》になるのかな？　けなされたり、バカにされたりするのが、いやなのかな？

もしかしたら、まったく気《き》にもされないことだって、あるかもしれないね。

それとも、すごい、さすがだよって、ほめられることだってあるかな？　みんなにみとめられたら、それは、うれしいよね。

同《おな》じことを言《い》っても、ある人《ひと》は、みとめてくれないけど、こっちの人《ひと》は、すごくほめてくれる、なんてこともあるんだよ。

だから、自分《じぶん》が正《ただ》しいと思《おも》ったことは、どうどうと口《くち》に出《だ》していいんだ。

みんながどう思《おも》うか、なんて気《き》にしなくていい。たとえ、けなされたとしても、ほめられたとしても、気《き》にしなくていいんだよ。

お釈迦様《しゃかさま》は、言《い》いました。

「ひとつの大《おお》きなかたい岩《いわ》のかたまりは、風《かぜ》がふいても動《うご》くことはない。そのように、本当《ほんとう》にすぐれた人《ひと》は、けなされても、ほめられても、こころは、動《うご》くことはない。」

やさしく、正《ただ》しいことばを使《つか》って、はなしをすればいいだけだ。自分《じぶん》の思《おも》ったことをしっかりとみんなにはなそう。自分《じぶん》をしっかりととのえておくことができていれば、けなされても、ほめられても、こころは、動《うご》かない。

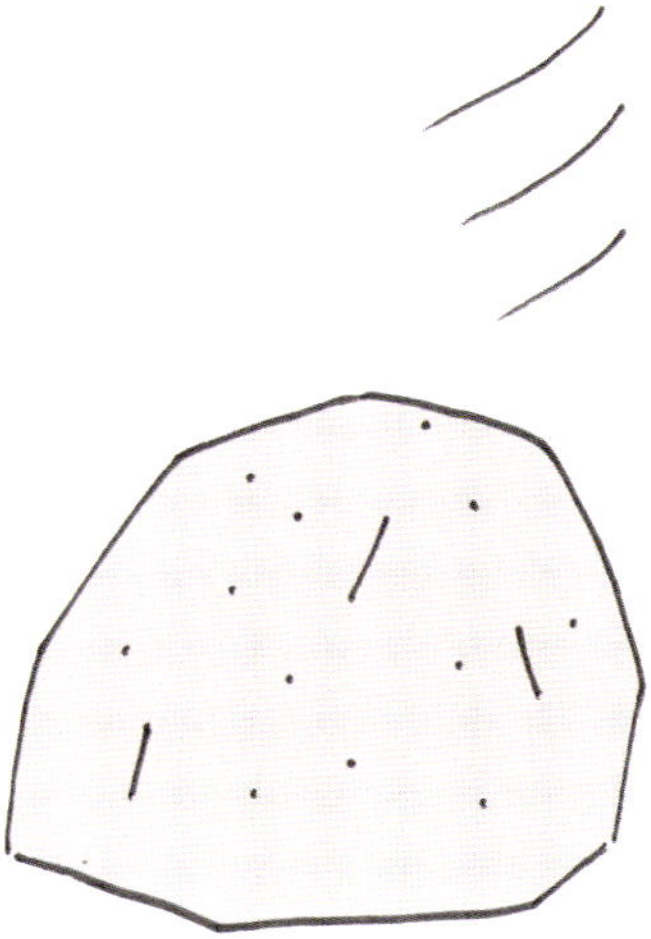

人気者《にんきもの》になるには、どうしたらいい？

「あたえる人《ひと》」になろう

あなたは、人気者《にんきもの》になりたいのですね？　すばらしいことだよ。

小学生《しょうがくせい》ならば、運動《うんどう》も勉強《べんきょう》もできて、カッコよく（かわいく）て、性格《せいかく》が明《あか》るい人《ひと》ならば、人気者《にんきもの》になれるかもしれないね。

でも本当《ほんとう》の意味《いみ》での人気者《にんきもの》って、自分《じぶん》の才能《さいのう》だけでなっているのではないと思《おも》うよ。きっと想像《そうぞう》することもできないくらい、努力《どりょく》しているはず。

スポーツ選手《せんしゅ》もミュージシャンも、またユーチューバーだって、わたしたちの知《し》らないところで、すごく努力《どりょく》しているんだ。

人気者《にんきもの》って、だれにでも好《す》かれようとすることじゃないよ。自然《しぜん》と自分《じぶん》のまわりに人《ひと》が集《あつ》まってくるような人《ひと》のことだと思《おも》うんだ。

じゃ、どうすればいいかというと、「あたえる人《ひと》」になることだと思《おも》う。

あたえるというと、お金《かね》や物《もの》のことだと思《おも》うかもしれないけど、それはちがう。たしかにお金《かね》や物《もの》をあたえると人気者《にんきもの》になれるかもしれない。でも、お金《かね》や物《もの》をあたえなくなってしまったら、すぐに人気者《にんきもの》じゃなくなっちゃう。

じゃ、何《なに》をあたえるのか？
具体的《ぐたいてき》に7つのことをあたえよう。これは、「無財《むざい》の七施《しちせ》」という教《おし》えだよ。

1　やさしいまなざしで、人《ひと》に会《あ》う。
2　いつも笑顔《えがお》を絶《た》やさない。
3　やさしくて思《おも》いやりのあることばを使《つか》う。
4　まわりの人《ひと》のために、からだを動《うご》かす。
5　まわりの人《ひと》のことをこころから思《おも》う。
6　座《すわ》っている場所《ばしょ》や、いすをまわりの人《ひと》にゆずる。
7　人《ひと》のために、休《やす》む場所《ばしょ》をあたえる。

こういったことを、実際《じっさい》にまわりの人《ひと》にやっていけば、きっと人《にん》気者《きもの》になれると思《おも》うよ。でももし、人気者《にんきもの》になれなかったとしても、あなたの人間《にんげん》としての力《ちから》は、ぐっとアップするはずさ。

お釈迦様《しゃかさま》は、言《い》いました。

「もしもある行《おこな》いをして、後悔《こうかい》をしないで、うれしくよろこぶことができ、その結果《けっか》を受《う》けるならば、その行為《こうい》をしたことは善《よ》い。」

人気者《にんきもの》になるには、自分《じぶん》のことだけを優先《ゆうせん》せず、まわりの人《ひと》がうれしくなるようなことをしつづけることだね。

みんなからきらわれているように感《かん》じてしまう。

自分《じぶん》から好《す》きになればいい

みんなからきらわれているように感《かん》じているんだね？　でも、それは、本当《ほんとう》のことなのかな？

どうして、きらわれている〝ように〟感《かん》じているんだろう？　実際《じっさい》にきらわれているわけではないよね。本当《ほんとう》のことじゃないことを本当《ほんとう》のことのように、思《おも》いこんでいるだけなんじゃないのかな？

それとクラス全員《ぜんいん》が、あなたのことをきらいになるなんてこと、あるのかな？　南泉《なんせん》和尚《おしょう》は、ないと思《おも》うよ。

お釈迦様《しゃかさま》は、言《い》いました。

「本当《ほんとう》のことではないことを、本当《ほんとう》のことだと受《う》け止《と》めてしまう。

本当《ほんとう》のことを、本当《ほんとう》のことではないと受《う》け止《と》めてしまう。

こうしたまちがった思《おも》いにとらわれていると、いつまでも本当《ほんとう》のことは、わからない。」

きらわれているか、きらわれていないか、わからないんだから、
気《き》にすることは、ないよ。

でもね、きらわれているような気《き》がする、って思《おも》いこんでいると、ことばには、出《だ》さなくても、まわりの人《ひと》から、きらわれていると感《かん》じてしまうことは、あると思《おも》う。

だから、そのような思《おも》いはすてて、自分《じぶん》から好《す》きになると、決《き》めちゃいましょう。

相手《あいて》が、どのように感《かん》じていようが、自分《じぶん》は、クラスのみんなが好《す》き！　と思《おも》っちゃうんだ。

だってね、クラスのみんなが、あなたのことをきらわないようにすることより、あなたがクラスのみんなを好《す》きだって決《き》めることのほうが、かんたんだよね。

あなたの気持《きも》ちは、あなたが変《か》えられるけど、みんなの気持《きも》ちを変《か》えるのは、むずかしいもの。

きらわれているような気《き》がする気持《きも》ちは、すてて、自分《じぶん》から好《す》きになっちゃえばいい。

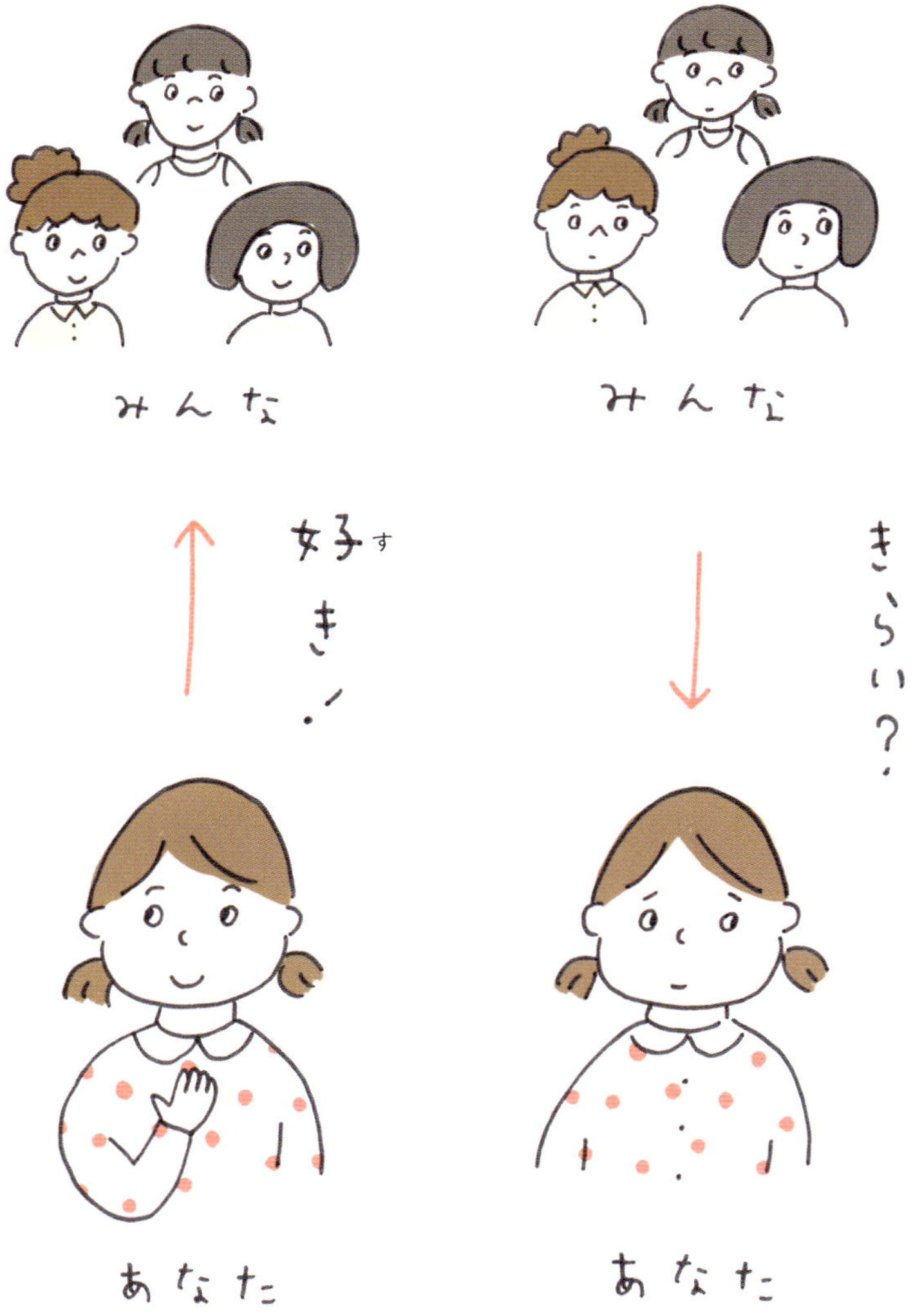

自分《じぶん》が失敗《しっぱい》したせいで、試合《しあい》に負《ま》けちゃった！

失敗《しっぱい》から学《まな》ぼう

運動会《うんどうかい》のメインイベントといえば、「クラス対抗《たいこう》リレー」！　よーいドン、みんな一生《いっしょう》けんめいに走《はし》る。

でも、どうしても速《はや》く走《はし》れないお友《とも》だちがいるね。だから、速《はや》く走《はし》れる子《こ》は、その子《こ》の前《まえ》にほかのクラスを大《おお》きく引《ひ》きはなしておきたくて、もっともっとがんばった。

とっても速《はや》いスピードで、コーナーに来《き》てしまい、なんと転《ころ》んでしまったんだ。ほかのクラスにも抜《ぬ》かれ、速《はや》く走《はし》れないお友《とも》だちに、バトンをわたした。リレーは、負《ま》けちゃった。

でも、だれもその子《こ》をせめない。そして、速《はや》く走《はし》れない子《こ》は、やさしく手《て》を差《さ》しのべたんだ。

失敗《しっぱい》して負《ま》けちゃうことは、あるよ。競争《きょうそう》には、勝《か》ち負《ま》けがあるからね。でも、失敗《しっぱい》しても、自分《じぶん》をせめることもないんだ。自分《じぶん》をせめて、仲間《なかま》に申《もう》し訳《わけ》ないという気持《きも》ちをもちつづけることもよくないよ。失敗《しっぱい》して負《ま》けたことから何《なに》を学《まな》ぶかが大事《だいじ》なんだ。

人《ひと》は、成功《せいこう》したことより、失敗《しっぱい》したことから、学《まな》ぶことのほうが多《おお》いからね。

大人《おとな》になっても失敗《しっぱい》することは、何度《なんど》だってある。そのたびに、しっかり立《た》ち上《あ》がって、また進《すす》めばいいんだ。

お釈迦様《しゃかさま》は、言《い》いました。
「自分《じぶん》に打《う》ち克《か》つことは、ほかの人《ひと》びとに勝《か》つことよりもすぐれている。」

失敗《しっぱい》して負《ま》けちゃっても、自分自身《じぶんじしん》の限界《げんかい》にちょうせんした自分《じぶん》をほめてあげよう。

突然友《とつぜんとも》だちに無視《むし》されたら……どうしたらいいの？

おこらずに理由《りゆう》を聞《き》いてみよう

突然《とつぜん》、無視《むし》されちゃう、これは、こころがいたむよね。なんで！　という気持《きも》ちになってしまう。あなたが思《おも》っている以上《いじょう》に、無視《むし》されることは、こころだけじゃなく、からだにもえいきょうをあたえるんだ。だから、無視《むし》することは、よくないことだよ。

みんなが楽《たの》しく学校生活《がっこうせいかつ》を過《す》ごすには、友《とも》だちと仲良《なかよ》くすることがとっても大事《だいじ》。だから、無視《むし》した理由《りゆう》を友《とも》だちにたずねてみよう。ただ、注意《ちゅうい》してほしいことがあるんだ。無視《むし》されたことでおこったまま、友《とも》だちに向《む》かわないということ。

お釈迦様《しゃかさま》は、言《い》いました。

「怒《いか》りには、おこらないことによって打《う》ち勝《か》て。
悪《わる》い行《おこな》いには、善《よ》い行《おこな》いによって打《う》ち勝《か》て。」

みんなが幸《しあわ》せに過《す》ごすためには、みんなのこころをきれいにしておくこと。こころをきれいにしておくためには、悪《わる》いことをしないこと。無視《むし》は、悪《わる》いこと。こころをきれいにするためには、無視《むし》をしないこと、って、友《とも》だちにやさしく伝《つた》えられるといいなあ。

いい友《とも》だちでいるためには、こんなことも大事《だいじ》だと、お釈迦様《しゃかさま》は言《い》っているよ。

「こころからのよい友《とも》だちになるためには、友《とも》だちが悪《わる》い道《みち》に入《はい》ることをやめさせ、善《よ》いことをすすめることだよ。」

無視《むし》されたことから、みんなが仲良《なかよ》くなったら、ステキだね！

仲《なか》のいい友《とも》だちと、同《おな》じ子《こ》を好《す》きになっちゃった！

おたがいを大事《だいじ》にしよう

同《おな》じ子《こ》を好《す》きになっちゃうなんて、あなたの好《す》きな子《こ》は、とってもステキな子《こ》なんだね。友《とも》だちも、あなたも、その子《こ》のいいところを見《み》つけて、好《す》きになっちゃったんだね。そのことは、いいことだと思《おも》うよ。

でもね、同《おな》じ子《こ》を好《す》きになっちゃったことで、仲《なか》のいい友《とも》だちと仲《なか》が悪《わる》くなってしまっては、いけないね。

同《おな》じ子《こ》を好《す》きになっちゃっても、仲《なか》のいい友《とも》だちともそのまま友《とも》だちでいられるように、おたがいを大事《だいじ》にしたいね。

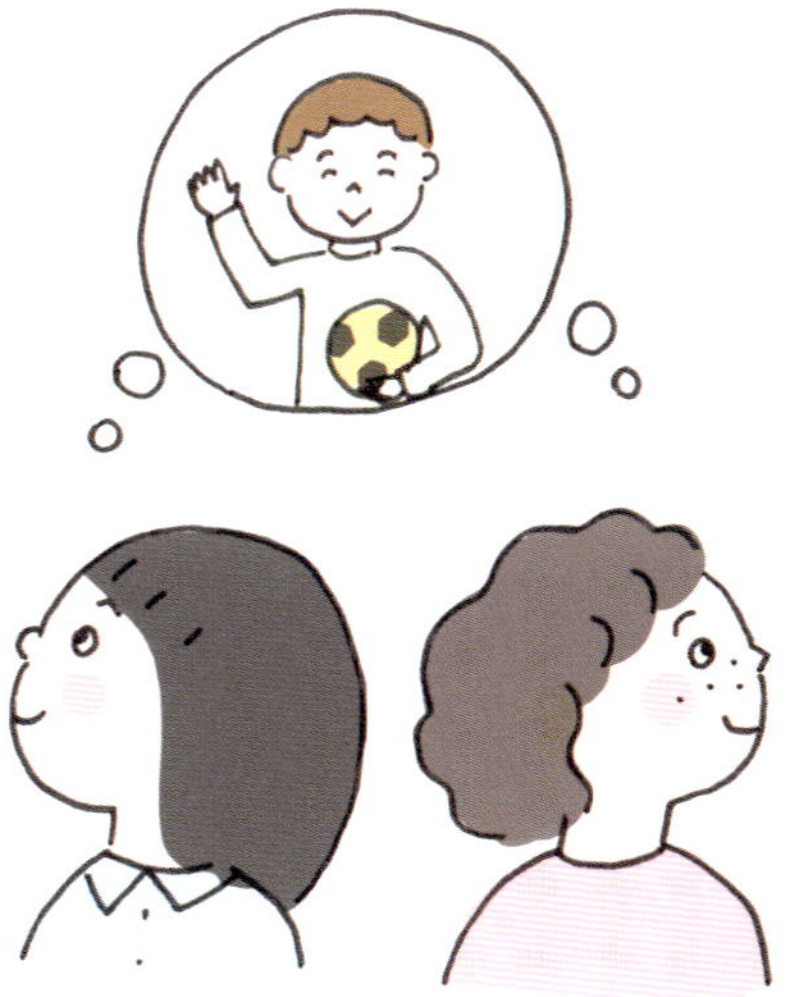

お釈迦様《しゃかさま》は、言《い》いました。
「こころはとらえにくいものです。軽《かる》がると欲望《よくぼう》のままに動《うご》きまわります。このようなこころを上手《じょうず》にコントロールすることは、とても善《よ》いことです。
上手《じょうず》にコントロールされたこころが、安《やす》らぎへとみちびいてくれます。」

自分《じぶん》が好《す》きになった子《こ》をひとりじめしようなどと強《つよ》く思《おも》うと、争《あらそ》いが起《お》こるね。それは、あなたの欲《よく》というこころが引《ひ》き起《お》こすんだ。だから、こころをよくととのえておくように、とお釈迦様《しゃかさま》は、言《い》っているんだね。

なんでもほしいと思《おも》うこころ、おこってしまうこころ、おろかしいこころをととのえておくことが、あなたの不安《ふあん》をとりのぞいてくれるんだよ。

テストの点数《てんすう》を聞《き》いてくる子《こ》がいるけど、教《おし》えたくない。

点数《てんすう》をくらべるのは自分《じぶん》と

　テストの点数《てんすう》を教《おし》えたくないのは、なぜかな？
点数《てんすう》が低《ひく》かったから、負《ま》けたくないから。

　自分《じぶん》のテストの点数《てんすう》を、ほかの人《ひと》とくらべてもあまり意味《いみ》は、ないんじゃないかな？　もちろん「あの子《こ》が、○○点《てん》だったから、つぎは、がんばって、その上《うえ》の点《てん》をとる！」というように、はげみになることはあるだろうけど。

　くらべるのは、ほかの人《ひと》じゃなくて、自分《じぶん》なんだ。なかなかできないことだとも思《おも》うけど、くらべるのは、昨日《きのう》の自分《じぶん》。

だから、テストの点数《てんすう》を教《おし》えて、と聞《き》いてきた子《こ》が、どんな態度《たいど》をとろうとも、あなたには、関係《かんけい》ない。その子《こ》より点数《てんすう》が低《ひく》いと言《い》って、落《お》ちこむこともないし、点数《てんすう》が高《たか》くても、おどろくこともない。ほかの人《ひと》の点数《てんすう》なんて、気《き》にしないことだ。

お釈迦様《しゃかさま》は、言《い》いました。
「自己《じこ》に打《う》ち克《か》つことは、ほかの人《ひと》びとに勝《か》つことよりもすぐれている。」

ほかの人《ひと》の点数《てんすう》と自分《じぶん》の点数《てんすう》をくらべて、よろこんだり、落《お》ちこんだりしても、あなたのテストの点数《てんすう》は、変《か》わらないよ。

そのテストが、100点《てん》じゃなかったとき、どうしてる？　終《お》わったテストのことは、いいから、つぎのテストでがんばるかい？　つぎのテストまで、もっと勉強《べんきょう》するかい？

それより、100点《てん》じゃなかったら、できなかったところをもう一度《いちど》やってみることのほうがいいよ。100点《てん》とるまで、やるんだ。

二度《にど》めのテストでも三度《さんど》めのテストでも、100点《てん》とったら、100点《てん》だ。

同《おな》じ問題《もんだい》をまたやるんだ。これをくり返《かえ》していけばいい。

ほかの人《ひと》の点数《てんすう》を気《き》にするより、自分《じぶん》が100点《てん》とるまで何度《なんど》もくり返《かえ》してごらん。

できなかったところは、先生《せんせい》に教《おし》えてもらえばいい。答《こた》えを教《おし》えてもらうのではなく、やり方《かた》を教《おし》えてもらうんだ。できるまで、何度《なんど》も教《おし》えてもらおう。かならず、勉強《べんきょう》ができるようになるよ。

くらべるのは、ほかの人《ひと》じゃなくて、自分《じぶん》だよ。

100点《てん》じゃなかった。

先生《せんせい》にやり方《かた》を
教《おし》えてもらう。

できなかったところを
もう一度《いちど》やってみる。

100点《てん》をとるまで
くり返《かえ》そう！

クラスで変《へん》なうわさが広《ひろ》まったら、どうしたらいいの？

気《き》にせず、やるべきことをする

うわさは、たしかに気《き》になるよね。うわさ話《ばなし》は、大人《おとな》になってもみんな好《す》き。それは、昔《むかし》も今《いま》も変《か》わらない。うわさ話《ばなし》は、なくならないのさ。

だから、うわさが広《ひろ》まったら、どうすればいいのかというと、気《き》にしないこと。

お釈迦様《しゃかさま》の時代《じだい》に、多《おお》くの人《ひと》たちがお釈迦様《しゃかさま》のもとに教《おし》えをもとめて集《あつ》まるようになった。そうすると、そのことをあまりよく思《おも》っていない人《ひと》が出《で》てくる。その人《ひと》が、あることないこと、お釈迦様《しゃかさま》のうわさ話《ばなし》をどんどん広《ひろ》めたんだ。

だから、お釈迦様《しゃかさま》の弟子《でし》が言《い》った。「この町《まち》は、お釈迦様《しゃかさま》のよくないうわさ話《ばなし》がいっぱいです。こんなところにいたら、お釈迦様《しゃかさま》のひょうばんが悪《わる》くなります。早《はや》く立《た》ち去《さ》りましょう。」

お釈迦様《しゃかさま》は、言《い》いました。

「多《おお》くのことをはなせば、あの人《ひと》は、ものをよくはなす人《ひと》だと悪《わる》いうわさが流《なが》れる。あまりはなしをしなければ、あの人《ひと》は、あまりはなしをしないと悪《わる》いうわさが流《なが》れる。どんなことをしても、うわさというのは、流《なが》れるものだ。そんなことを気《き》にすることなく、わたしたちは、やるべきことをしっかりとやればいい。わたしはこの町《まち》から、立《た》ち去《さ》ることはしない。」

そして、お釈迦様《しゃかさま》は、悪《わる》いうわさがいっぱいの町《まち》で、過《す》ごしたんだ。うわさとはまったくちがうお釈迦様《しゃかさま》のすがたを見《み》て、もっと多《おお》くの人《ひと》がお釈迦様《しゃかさま》のもとに集《あつ》まるようになったということだよ。

うわさなんて、気《き》にせず、正《ただ》しいことをしつづけていればいいんだよ。

仲良《なかよ》しグループなのに、自分《じぶん》だけ仲間《なかま》はずれにされた。

本当《ほんとう》の友《とも》だちって？

仲良《なかよ》しグループ。毎日《まいにち》楽《たの》しくみんなといっしょに過《す》ごしていたけど、あなただけ、仲間《なかま》はずれにされちゃったんだね。悲《かな》しいよね。

仲間《なかま》はずれは、よくないことだね。無視《むし》するのと同《おな》じくらい、悪《わる》いことだ。どうすればいいだろう？

今度《こんど》は、あの子《こ》を仲間《なかま》はずれにしてしまおう、なんてことだけは、しちゃだめだよ。

お釈迦様《しゃかさま》は、言《い》いました。

「つぎの4つのようなことをする人《ひと》は、友《とも》ではない。むしろ敵《てき》のようであり、友《とも》に似《に》た人《ひと》と知《し》りなさい。

友《とも》だちのすることが、悪《わる》いことだと知《し》っていても、そのことをいっしょにしてしまう。

友《とも》だちのすることが、善《よ》いことだと知《し》っているけど、そのことをいっしょにしない。

その人《ひと》がいる前《まえ》では、その人《ひと》をほめてたたえる。

その人《ひと》がいなければ、その人《ひと》の悪口《わるくち》を言《い》う。」


このような人《ひと》は、友《とも》だちではないんだ、とお釈迦様《しゃかさま》は言《い》っているんだ。

仲間《なかま》はずれにすることが悪《わる》いことだと知《し》っていても、あなたのことを仲間《なかま》はずれにしないように、言《い》わなかった子《こ》も、お釈迦様《しゃかさま》は、友《とも》だちではないと言《い》っているんだ。

じゃ、どういう友《とも》だちが、こころからの善《よ》い友《とも》だちなのかということもお釈迦様《しゃかさま》は言《い》っているよ。

いっしょにいてくれる。

たすけてくれる。

**やさしいことばを
かけてくれる。**

「くるしいときにたすけてくれる。
くるしいときや楽《たの》しいときにいっしょにいてくれる。
やさしいことばをかけてくれる。
こころから友《とも》だちのことを思《おも》ってくれる。」

もしあなたの友《とも》だちが、仲間《なかま》はずれにされたら、仲間《なかま》はずれにした子《こ》に「それはよくないことだよ」って、言《い》ってあげることも、友《とも》だちとしてやってあげるべきことなんだね。

年上《としうえ》のほうがえらいの？ 言《い》うことを聞《き》かないとダメなの？

年上《としうえ》だから、えらいわけじゃない

小学生《しょうがくせい》だと、まだ先輩《せんぱい》と後輩《こうはい》の差《さ》は、あまりないよね。でも中学《ちゅうがく》、高校《こうこう》と、年《ねん》れいが高《たか》くなるにしたがい、先輩《せんぱい》や後輩《こうはい》のことは、気《き》をつかうことになるんだ。

ただ、年上《としうえ》だからといって、上級生《じょうきゅうせい》だからといって、なんでも言《い》うことを聞《き》かなければいけないのか？　というと、そんなことはない。年上《としうえ》のほうがえらいのかといえば、そんなこともない。

年下《としした》だってすごい人《ひと》はいるし、そんな人《ひと》は、えらいなあと思《おも》う。

えらいかえらくないかは、年《とし》には、関係《かんけい》はないんだな。

でも、年長《ねんちょう》の人《ひと》をうやまうことは、大切《たいせつ》なことだよ。学校《がっこう》の上級生《じょうきゅうせい》だけでなく、おじいちゃんやおばあちゃんなどのように、ずっと年上《としうえ》の人《ひと》をうやまう気持《きも》ちは、しっかりもっていてほしいな。

お釈迦様《しゃかさま》は、言《い》いました。
「礼儀《れいぎ》正《ただ》しくして、年長《ねんちょう》の者《もの》をうやまう人《ひと》には、寿命《じゅみょう》、美《うつく》しさ、楽《たの》しみ、力《ちから》の4つが大《おお》きくなる。」

年長者《ねんちょうしゃ》をうやまうこころをもち、毎日《まいにち》を過《す》ごしていると、寿命《じゅみょう》ものびて、美《うつく》しくなると、お釈迦様《しゃかさま》は言《い》っているよ。

人《ひと》のためを思《おも》うことは、いろいろな力《ちから》がつくんだね。

友《とも》だちに本《ほん》をかしてあげたのに、返《かえ》ってこない……、どうしたらいい？

友《とも》だちなら、返《かえ》してもらおう

本《ほん》をかした友《とも》だちに、もう一度《いちど》、はっきり言《い》おう。いついつまでに、本《ほん》を返《かえ》してください、と。しめ切《き》りをはっきりとしめそう。しめ切《き》りがあると、人《ひと》は行動《こうどう》を起《お》こしやすくなるんだ。

もし約束《やくそく》の日《ひ》までに返《かえ》してくれなかったら、その友《とも》だちとは、少《すこ》しきょりをおくことを考《かんが》えたほうがいいかもしれないね。

お釈迦様《しゃかさま》は、言《い》いました。

「つぎの4つは友《とも》ではない。むしろ、敵《てき》であって友《とも》のようなものと

思《おも》いなさい。
ものをとっていく人《ひと》は、友《とも》ではない。
ことばだけの人《ひと》は、友《とも》ではない。
あまいことばでよってくる人《ひと》は、友《とも》ではない。
やるべきことをやらず、自分《じぶん》の思《おも》うままにふるまっている人《ひと》は、友《とも》ではない。」

かした本《ほん》を返《かえ》さないのは、とったのと同《おな》じ。だから、このような人《ひと》は、友《とも》ではない、とお釈迦様《しゃかさま》は言《い》っているんだ。そういった友《とも》だちとは、いっしょにいないように、とも言《い》っているよ。

友《とも》だちとのつき合《あ》いは、2千《せん》5百年《ひゃくねん》も前《まえ》とあまり変《か》わらないね。インターネットやAI《エーアイ》（人工知能《じんこうちのう》）、ロボットとか、人類《じんるい》は、ものすごく進歩《しんぽ》したけど、人《ひと》としての成長《せいちょう》については、あまり変《か》わっていないんだね。

だから、お釈迦様《しゃかさま》のことばを毎日《まいにち》に生《い》かしていくだけで、お友《とも》だちがたくさんできる、すてきな人生《じんせい》が送《おく》れるんだね。

仲間《なかま》はずれに協力《きょうりょく》しないと、自分《じぶん》が仲間《なかま》はずれになっちゃう……。

みんなが幸《しあわ》せになるには

お釈迦様《しゃかさま》の教《おし》えは、とってもかんたんなんだ。

お釈迦様《しゃかさま》は言《い》いました。

「悪《わる》いことはしないで、いいことをする。そして自分《じぶん》のこころを清《きよ》らかにする。これが、みんなが幸《しあわ》せになるための仏《ほとけ》の教《おし》えである。」

友《とも》だちのためにしっかりはなしをすることができる人《ひと》が善《よ》い友《とも》だちなんだよ。あなたに、仲間《なかま》はずれに協力《きょうりょく》するように言《い》ってきた人《ひと》を友《とも》だちだと思《おも》うのなら、「仲間《なかま》はずれにするのは、悪《わる》いことだ」

としっかり言《い》ってやめさせよう。

でも、そんなことを言《い》ったら、本当《ほんとう》に仲間《なかま》はずれになっちゃうかもしれないね。そうなったら、それでいいんじゃないかな？

仲間《なかま》はずれにすることは、いいこと？　悪《わる》いこと？

悪《わる》いことだよね。

お釈迦様《しゃかさま》は、言《い》いました。

「自分《じぶん》が悪《わる》いことをすれば、自分《じぶん》で自分《じぶん》をよごすことになる。自分《じぶん》が悪《わる》いことをしなければ、自分《じぶん》で自分《じぶん》をきれいにすることになる。

きれいとかきたないとかいうものは、自分《じぶん》ですることであり、ほかの人《ひと》が、自分《じぶん》をきれいにすることは、できない。」

だれかにさそわれようが、自分《じぶん》が悪《わる》いことをすれば、自分《じぶん》で自分《じぶん》をよごしてしまう。

逆《ぎゃく》に、悪《わる》いことをしなければ、自分《じぶん》を清《きよ》めることになるんだよ。

自分《じぶん》を、清《きよ》らかな自分《じぶん》にできるのは、自分《じぶん》だけなんだ。

先生《せんせい》が好《す》きになれません。

先生《せんせい》の力《ちから》を引《ひ》き出《だ》そう

学校《がっこう》の先生《せんせい》が、好《す》きになれないんだね？　学校《がっこう》の先生《せんせい》は、自分《じぶん》たちのほうから、変《か》えることはできないね。

でも、なぜ先生《せんせい》のことが好《す》きになれないのかな？　先生《せんせい》の言《い》うことが、おかしいと感《かん》じるから？　力《ちから》でおさえつけようとするから？　子《こ》どもの意見《いけん》を聞《き》こうとしないから？

なんだろう？

いい先生《せんせい》に出会《であ》うのは、とってもむずかしいことだね。先生《せんせい》との出会《であ》いは、学校《がっこう》だけじゃない。高校《こうこう》や大学《だいがく》を卒業《そつぎょう》して、

働《はたら》くようになっても、正《ただ》しい道《みち》を歩《あゆ》もうとする人《ひと》は、まず先生《せんせい》をさがすことからはじまるんだ。

先生《せんせい》との出会《であ》いは、ある意味《いみ》、人生《じんせい》を決《き》めてしまうこともあるほど、大《おお》きな出会《であ》いだ。

昔《むかし》のお坊《ぼう》さんは、修行《しゅぎょう》を指導《しどう》してもらうため、お坊《ぼう》さんの先生《せんせい》をさがして、旅《たび》をして歩《ある》いたんだ。

そして、この先生《せんせい》から学《まな》びたい、とこころから感《かん》じた先生《せんせい》がいるところに行《い》って、きびしい修行《しゅぎょう》にはげんだんだよ。

先生《せんせい》との出会《であ》いをとても大切《たいせつ》にしているんだ。

だけど、学校《がっこう》では、そういうことにはならないね。あるとき、気《き》づいたことがあるんだ。

それは、先生《せんせい》の力《ちから》を引《ひ》き出《だ》すのは、じつは子《こ》ども（生徒《せいと》）なんだということ。だから、子《こ》どもは、先生《せんせい》の力《ちから》を引《ひ》き出《だ》すことにえんりょしちゃいけないんだ。わからないことがあったら、何度《なんど》でも何度《なんど》でもしつもんしよう。

勉強《べんきょう》のことだけじゃなく、なんでも聞《き》こう。先生《せんせい》が、「もう教《おし》えることはないよ」って言《い》うまで、聞《き》こう。

むずかしいことでも、かんたんなことでも、しつもんすることにえんりょしちゃいけない。

先生《せんせい》の力《ちから》を引《ひ》き出《だ》すのは、子《こ》どもなんだから。

将来《しょうらい》の夢《ゆめ》について

↓

先生《せんせい》に相談《そうだん》してみよう。

わからないことがあったら

↓

先生《せんせい》に聞《き》いてみよう。

教《おし》えて！ 和尚《おしょう》さん 1

Q 和尚《おしょう》さんって何《なに》をする人《ひと》？

A 和尚《おしょう》さんは、お寺《てら》などでいろいろなことをする人《ひと》です。

まず、お釈迦様《しゃかさま》を信《しん》じています。お釈迦様《しゃかさま》が説《と》いてくださった、教《おし》えを信《しん》じています。その教《おし》えを信《しん》じている仲間《なかま》を信《しん》じています。

和尚《おしょう》さんは、御袈裟《おけさ》をつけます。宗派《しゅうは》によってちがいはあるのだけど、御袈裟《おけさ》をつけるのは変《か》わりません。

和尚《おしょう》さんは、いろいろな修行《しゅぎょう》をしてきました。南泉和尚《なんせんおしょう》は、曹洞宗《そうとうしゅう》だから、大本山《だいほんざん》という大《おお》きなお寺《てら》に行《い》って、坐禅《ざぜん》を組《く》み、お経《きょう》を読《よ》み、そうじをするなどのきびしい修行《しゅぎょう》をしてきました。

和尚《おしょう》さんは、お寺《てら》にいます。お寺《てら》には、いくつかの建物《たてもの》があるので、その建物《たてもの》を守《まも》っています。お寺《てら》には、お墓《はか》もあります。お墓《はか》を守《まも》るのも和尚《おしょう》さんのすることです。

お経《きょう》をとなえて、亡《な》くなった人《ひと》のためにお勤《つと》めをします。お葬式《そうしき》だね。亡《な》くなった方《かた》が火葬《かそう》されるとき、最後《さいご》のことばをとなえるのも和尚《おしょう》さんがしています。

それと、みんながしっかり勉強《べんきょう》ができるように、または、スポーツでがんばれるように祈《いの》ることもします。太鼓《たいこ》や鐘《かね》を使《つか》って、ご祈願《きがん》をします。

人《ひと》びとの相談《そうだん》にものります。おはなしを聞《き》きます。

おはなしをするのが得意《とくい》な和尚《おしょう》さんもいます。歌《うた》をうたう和尚《おしょう》さんもいます。こども園《えん》や保育園《ほいくえん》、幼稚園《ようちえん》の園長先生《えんちょうせんせい》をやっている和尚《おしょう》さんもいるので、子《こ》どもたちと遊《あそ》ぶことも和尚《おしょう》さんはします。

和尚《おしょう》さんは、いろいろなことをする人《ひと》なんだね！

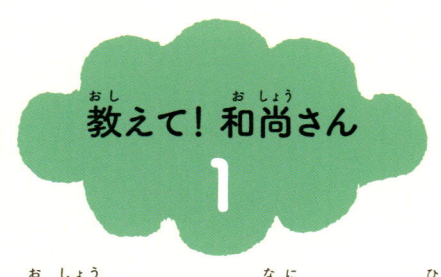

自分《じぶん》のことで
こころがモヤモヤ

自分《じぶん》のいいところをいっぱい見《み》つけたら、
自分《じぶん》のことを好《す》きになれるかな。

人前《ひとまえ》に立《た》つと、はずかしくて何《なに》もできない。どうすればいい？

「うまくいった」をくり返《かえ》す

南泉和尚《なんせんおしょう》は、子《こ》どものころ、とってもはずかしがり屋《や》だったんだ。学校《がっこう》の授業《じゅぎょう》で手《て》を上《あ》げることができなかった。小学校《しょうがっこう》5年生《ねんせい》になって、ようやく手《て》を上《あ》げることができるようになった。

小学生《しょうがくせい》のころには、わからなかったけど、今《いま》なら人前《ひとまえ》に立《た》ってどうどうとするために大切《たいせつ》なことは、少《すこ》しわかるようになったよ。

キーワードは、「小《ちい》さな成功体験《せいこうたいけん》をつみ重《かさ》ねる」ということ。小《ちい》さな成功体験《せいこうたいけん》を少《すこ》しずつ少《すこ》しずつ重《かさ》ねていけば、やがて大《おお》きな舞台《ぶたい》に立《た》っても大丈夫《だいじょうぶ》になっちゃうよ。

人前《ひとまえ》に立《た》ったり、手《て》を上《あ》げて発表《はっぴょう》したりするとき、歌《うた》や芝居《しばい》で舞《ぶ》台《たい》に上《あ》がる前《まえ》は、じつは、だれもがきんちょうするんだよ。どんな有名《ゆうめい》な人《ひと》でも、そうなんだ。だから、きんちょうしてしまうことが、だめなんて、思《おも》わなくていい。逆《ぎゃく》に、きんちょうしなくなったら、よくないんだね。

どのような目的《もくてき》で、人《ひと》の前《まえ》に立《た》つのか？　わからないけど、そのために練習《れんしゅう》することができるのなら、やはり練習《れんしゅう》しよう。本番《ほんばん》でまちがえないようにするためじゃなく、本番《ほんばん》でまちがえてもいいように。何度《なんど》も何度《なんど》も練習《れんしゅう》する。

しっかり準備《じゅんび》して、何《なに》かを発表《はっぴょう》するなら、原稿《げんこう》を書《か》いて。そして、本番同様《ほんばんどうよう》に、まずは、ひとりでリハーサル。うまくいったら、「うまくいった」と自分《じぶん》に言《い》い聞《き》かせる。うまくいかなかったら、全部《ぜんぶ》やるんじゃなくて、その一部《いちぶ》だけやって、「うまくいった」と自分《じぶん》に言《い》い聞《き》かせる。

つぎにだれかに見《み》てもらおう。ひとりでいいんだ。お父《とう》さんでもお母《かあ》さんでもいい。だれかに見《み》てもらう。ひとりの人《ひと》の前《まえ》に立《た》ってみる。うまくいったら、「うまくいった」と自分《じぶん》に言《い》う。そしてつぎにふたり、3人《にん》とふやしていく。

こうやって、小《ちい》さなステップから、同《おな》じことを何度《なんど》もくり返《かえ》して、取《と》り組《く》んで成功体験《せいこうたいけん》をつみ重《かさ》ねていくんだ。そうすれば、小《ちい》さな成《せい》功体験《こうたいけん》は、大《おお》きな成功体験《せいこうたいけん》へとつながっていき、かならずできるようになるよ。

お釈迦様《しゃかさま》は、言《い》いました。
「やる気《き》のある行《おこな》い、やる気《き》のあることば、やる気《き》になる考《かんが》え方《かた》に、
いつも気《き》をつけて過《す》ごしていると、すごく幸《しあわ》せにくらせるよ。
さあ、小《ちい》さいことからしっかりやる気《き》を育《そだ》てよう。」

レッツ、トライ！

人《ひと》と意見《いけん》が合《あ》わないと、イライラしてケンカしたくなります。

あらいことばは使《つか》わない

人《ひと》と意見《いけん》がちがうからこそ、新《あたら》しいアイデアが生《う》まれるんだ。人《ひと》と意見《いけん》がまったく同《おな》じなんてことは、ありえないよ。ちがうからいいんだ。

意見《いけん》のちがう相手《あいて》をことばで打《う》ち負《ま》かそうとするから、イライラするんだね。なんでわたしの意見《いけん》をみとめないの！　わたしの意見《いけん》のほうが、正《ただ》しい！

そんなとき、きっと大《おお》きな声《こえ》になって、相手《あいて》をせめるようなことばが出《で》てしまうんじゃないかな？

イライラするのは、意見《いけん》がぶつかり合《あ》うだけじゃなくて、あらいことばを使《つか》っているから、こころがよごれてしまうからかもしれないよ。

お釈迦様《しゃかさま》は、言《い》いました。

「らんぼうであらいことばを使《つか》ってはいけないよ。そのようなことばを言《い》われた人《ひと》は、あなたにきっと言《い》い返《かえ》すだろう。怒《いか》りをこめたことばには、いたみがともなう。そのむくいとして、あなたの身《み》に、いたみが返《かえ》ってくる。」

争《あらそ》いは、ことばだけでもはじまってしまう。

怒《いか》りには、怒《いか》りで返《かえ》さないようにしよう。

意見《いけん》のちがうことをみとめて、おたがいのいいところをよせ集《あつ》めるようにすると、ケンカする気《き》にもならないよ。むしろ楽《たの》しくなっちゃって、ワクワク、ワイワイ、はなし合《あ》いが楽《たの》しい場《ば》になるんだね、これが。

そういうことになれてくると、意見《いけん》が同《おな》じ人《ひと》ばかりとはなしをするのが、つまんなくなっちゃうよ。

失敗《しっぱい》すると、落《お》ちこんで何《なに》も手《て》につかなくなります。

失敗《しっぱい》はチャンス！

たしかにそうだよね。失敗《しっぱい》すると落《お》ちこんじゃって、からだもこころもふさぎこんでしまうことって、あるよ。

失敗《しっぱい》するのは、本当《ほんとう》にこわい。

でもね、安心《あんしん》してほしいんだ。失敗《しっぱい》しない人《ひと》は、だれもいないんだよ。

失敗《しっぱい》しないで、成功《せいこう》した人《ひと》は、だれもいないんだ。どんなに成功《せいこう》した人《ひと》も、成功《せいこう》したことの何倍《なんばい》も失敗《しっぱい》しているんだ。

成功《せいこう》した人《ひと》は、少《すこ》しだけ、失敗《しっぱい》に対《たい》する考《かんが》え方《かた》、とらえ方《かた》がちがうんだよ。失敗《しっぱい》をよろこんでいるんだ。だって、そうだろ？　失敗《しっぱい》したら、成功《せいこう》するためにやらなくていいことが、ひとつわかったことになるんだ。もうそのことをくり返《かえ》さないで、ちがう方法《ほうほう》をとればいい。

転《ころ》ばないで歩《ある》けるようになった赤《あか》ちゃんは、いないんだよ。歩《ある》けるようになるまで、赤《あか》ちゃんは、何度《なんど》も何度《なんど》も転《ころ》ぶだろ。みんなも同《おな》じ。何《なに》かができるようになるためには、何度《なんど》も何度《なんど》もうまくいかず、失敗《しっぱい》するんだ。

そして、どうやれば、失敗《しっぱい》しないで、できるようになるのかを見《み》つけて、工夫《くふう》していくんだよ。

お釈迦様《しゃかさま》は、言《い》いました。

「あー失敗《しっぱい》したと思《おも》うことをやめよう。起《お》きたことをくよくよしないこと。うまくいかなくても、つぎは大丈夫《たいじょうぶ》。そう思《おも》える気持《きも》ちをしっかりもつのも大事《だいじ》だよ。」

失敗《しっぱい》は、チャンスなんだ！　何度《なんど》でも、やり直《なお》せばいいんだよ。

みんなを思《おも》いどおりに動《うご》かしたい。どうすれば、リーダーになれますか。

リーダーにとって大切《たいせつ》なのは？

みんなを自分《じぶん》の思《おも》いどおりに動《うご》かしたいと思《おも》っているなら、その考《かんが》えは、あらためたほうがいいね。

みんなを自分《じぶん》の思《おも》いどおりに動《うご》かすことが、リーダーじゃないよ。リーダーは、合図《あいず》や命令《めいれい》をして、人《ひと》を動《うご》かしているように見《み》えるけど、人《ひと》が動《うご》くって、そんなにかんたんなことじゃないんだ。

そして、自分《じぶん》の思《おも》いどおりに動《うご》かそうとすると、ものすごいストレスが起《お》こる。

きみのからだもこころも、悲鳴《ひめい》を上《あ》げるよ。

リーダーとは、仲間《なかま》の力《ちから》を最大限《さいだいげん》に生《い》かすために、やる気《き》にさせることができる人《ひと》のこと。自分《じぶん》の思《おも》いどおりに動《うご》かすのではなく、一人《ひとり》ひとりが、自分《じぶん》で考《かんが》えて自分《じぶん》から動《うご》けるようにすることさ。一人《ひとり》ひとりが、仲間《なかま》のために動《うご》いた結果《けっか》、チームとして、まとまりが生《う》まれ、とても大《おお》きな成果《せいか》を生《う》み出《だ》すんだ。

お釈迦様《しゃかさま》は、言《い》いました。

「自分《じぶん》はえらいぞ、こんなことをしてあげたと、自分《じぶん》のことで、いばったりしてはいけないよ。いばらず、こころがきれいな人《ひと》のもとにはおだやかな人《ひと》が集《あつ》まって、幸《しあわ》せになるよ。」

あなたは、どんなリーダーになりたいかい？

どうせ何《なに》をやっても うまくいかない と思《おも》ってしまう。

自分《じぶん》の力《ちから》を信《しん》じよう

どうせだめなんだ、なんて思《おも》わなくていいんだよ。だれだって、すばらしい力《ちから》をもっているんだ。そのことを高《たか》らかに信《しん》じてほしい。

だけどね、何《なに》をやってもうまくいかないとはじめから思《おも》っていたら、うまくいかないよ。うまくいった経験《けいけん》がないだけだから、ひとつうまくいってしまえばいいんだ。

まずは、どんな小《ちい》さなことでもいい。好《す》きな科目《かもく》、得意《とくい》な科目《かもく》をひとつ選《えら》ぼう。絵《え》をかくのが好《す》きだったら、絵《え》。音楽《おんがく》が好《す》きだったら、音楽《おんがく》。それをもっと小《ちい》さなことにしぼってしまう。

南泉和尚《なんせんおしょう》は、音楽《おんがく》が好《す》きなので、リコーダーにしようって決《き》めたんだ。そして、1曲選《きょくえら》んで、毎日少《まいにちすこ》しずつふくことにした。あきらめないで、やりつづけるには、楽《たの》しいこと、好《す》きなことからひとつをやってみるといいよ。そして、少《すこ》しでもうまくいったら、もうそれは、うまくいったということ。

お釈迦様《しゃかさま》は、言《い》いました。

「たとえ、1てきのしずくであっても、つねに同《おな》じところにしたたり落《お》ちていれば、石《いし》に穴《あな》を開《あ》けることもできる。とちゅうで同《おな》じところにしたたり落《お》ちるのをやめてしまったら、穴《あな》が開《あ》く前《まえ》に終《お》わってしまう。どんなにゆっくりでも、少《すこ》しずつでもいいからしたたりつづけることが大切《たいせつ》なんだ。そうすれば、いつかかならず穴《あな》が開《あ》くんだよ。」

たった1てきの水《みず》のように少《すこ》しでも、ずっと同《おな》じことをやりつづけていれば、たとえどんなむずかしいことであっても、かならず、うまくいくよ。小《ちい》さな成功《せいこう》でいいんだ。

男《おとこ》は男《おとこ》らしく、女《おんな》は女《おんな》らしくしないとだめなの？

自分《じぶん》らしく生《い》きよう！

女《おんな》の子《こ》だからって、おしとやかにしなくちゃいけないってことはない、と南泉和尚《なんせんおしょう》は思《おも》うよ。女《おんな》の子《こ》だから、男《おとこ》の子《こ》だからということではなく、つつしみ深《ぶか》く、こころとことばと思《おも》いをととのえることが、大切《たいせつ》なんじゃないかな。

男《おとこ》の子《こ》だって、スカートをはいてもいいし、髪《かみ》の毛《け》をのばしてもいい。東南《とうなん》アジアの国《くに》では、男《おとこ》の人《ひと》はこしに布《ぬの》をまいて、スカートのようにしているよ。イギリスでも紳士《しんし》が、スカートをはくという伝統《でんとう》があるんだ。考《かんが》えてみると、着物《きもの》の生活《せいかつ》だった日本《にほん》では、昔《むかし》はズボンがなかったよね。男《おとこ》の人《ひと》も着物《きもの》を着《き》て、ある意味《いみ》、スカートのような感《かん》じだった。それと、髪《かみ》の毛《け》もずっと長《なが》かったんだ。テレビのドラマや映画《えいが》で時代劇《じだいげき》を見《み》たことがあるだろ？　ちょんまげを結《ゆ》っているので、よくわからないけど、じつは髪《かみ》の毛《け》は長《なが》かった。そう考《かんが》えると、人《ひと》の髪形《かみがた》や着《き》るものって、時代《じだい》や環境《かんきょう》によって変《か》わるからおもしろいよね。

だけど、ときと場所《ばしょ》に応《おう》じた行動《こうどう》は大事《だいじ》だよ。どこでも、どんなときでも、なんでもいいということではないので、気《き》をつけてね。

それから、男《おとこ》の子《こ》だって泣《な》いていい。泣《な》くのは、とっても大事《だいじ》なことだよ。泣《な》くとこころが洗《あら》われる。くやしいとき、悲《かな》しいとき、あふれるなみだを止《と》めることはない。

どんな場面《ばめん》で泣《な》くのかな？　南泉和尚《なんせんおしょう》はたくさんの場面《ばめん》で泣《な》いてしまう。いろんなことで泣《な》いてしまうよ。

あなたにとって、大切《たいせつ》な人《ひと》をなくして、別《わか》れなければならないことがあるだろう。悲《かな》しくて悲《かな》しくて、どうこころをととのえていいのかわからない。そんなときは、泣《な》くのをがまんすることはない。なみだは、こころを洗《あら》ってくれるんだ。

動物《どうぶつ》とこころを通《かよ》わせることってできるの？

いのちの出会《であ》いを大切《たいせつ》に

動物《どうぶつ》とこころを通《かよ》わせることは、できるよ。南泉《なんせん》和尚《おしょう》は、そういう人《ひと》を知《し》っているんだ。それは、お寺《てら》のおばあちゃん。

今《いま》90歳《さい》だけど、ネコや動物《どうぶつ》が大好《だいす》き。まよいネコやのらネコがときどきお寺《てら》に来《く》るんだ。そうすると、ほかの人《ひと》が近《ちか》づくとサーッとにげちゃうのに、おばあちゃんだと、よってくる。不思議《ふしぎ》なんだ。だれにもまねできない。

もうずいぶん前《まえ》のこと。

40年《ねん》くらい前《まえ》かな、カラスが、お寺《てら》の木《き》に巣《す》をつくったんだ。た

まごからヒナがかえって、しばらくしたら、そのうちの1羽《わ》が巣《す》から落《お》ちちゃった。まだ飛《と》べないカラスのヒナのめんどうを、おばあちゃんは、自分《じぶん》で見《み》ることにした。

少《すこ》し大《おお》きめの鳥《とり》かごを用意《ようい》して、中《なか》にヒナを入《い》れたんだ。毎日《まいにち》、エサをあたえたら、だんだん調子《ちょうし》がもどってきた。からだも少《すこ》し大《おお》きくなった。

もういいだろう、お母《かあ》さんカラスのところにもどしてあげようという日《ひ》、ヒナを鳥《とり》かごから出《だ》してあげた。パタパタパタとヒナは、飛《と》んでいったんだ。お母《かあ》さんカラスのところにもどれるといいな、みんなと仲良《なかよ》くできるといいなと願《ねが》って、ヒナが飛《と》んでいくのを見《み》送《おく》った。

つぎの日《ひ》の朝《あさ》、カラスの大《おお》きな声《こえ》がするから、上《うえ》を見上《みあ》げると、あのヒナだった。おばあちゃんは、そのヒナのことを「カー子《こ》さん」とよんでいた。「カー子《こ》さん、カー子《こ》さん」とよぶと、なんとカー子《こ》さんは、おばあちゃんのところに飛《と》んできたの。

さらにつぎの日《ひ》、おばあちゃんは、エサをあげることにした。

手《て》にエサを持《も》って「カー子《こ》さん、カー子《こ》さん」とよんだ。すると、カー子《こ》さんがサーッとやって来《き》て、おばあちゃんの手《て》にあったエサをパクッと食《た》べて、飛《と》んでいったんだ。

カー子《こ》さんは、そのあとも何日《なんにち》かつづけて、おばあちゃんのところに来《き》て、エサを食《た》べていたよ。しばらくすると大人《おとな》になったのか、とつぜん来《こ》なくなったけどね。

カラスは、とても用心深《ようじんぶか》いので、なかなかこういうはなしを聞《き》いたことはないね。
おばあちゃんは、カラスとも、こころを通《かよ》わせることができたんだね。

お釈迦様《しゃかさま》は、言《い》いました。
「生命《せいめい》の出会《であ》いはたくさんあり、それは計算《けいさん》できない〝不思議《ふしぎ》〟なものがある。けれども、〝奇跡《きせき》〟では、ない。」

動物《どうぶつ》とおはなしをするのはむずかしいかもしれないけれど、こころを通《かよ》わせることは、きっとできるね。

いろいろなことをはじめるけれど、長《なが》つづきしません。

習慣《しゅうかん》を変《か》えよう

あきっぽいんだね。それは、きっとだれだってそうだと思《おも》う。ひとつのことを長《なが》くつづけるのは、そんなにかんたんなことじゃないんだ。それには、コツがある。習慣《しゅうかん》にしてしまえばいいんだ。

朝《あさ》起《お》きたら、お手洗《てあら》いに行《い》く、手《て》を洗《あら》う、顔《かお》を洗《あら》う、歯《は》をみがく。このことを、ずっとつづけているよね？　習慣《しゅうかん》になっているから、ずっとつづけられる。長《なが》くつづけられるようにするには、習慣《しゅうかん》にしてしまうことだね。

習慣《しゅうかん》にしてしまうには、コツがある。あれこれとはじめない。ど

れかひとつだけにしぼる。なんでもいい。

たとえば、朝《あさ》、学校《がっこう》に行《い》く前《まえ》に、本《ほん》を読《よ》むことにしよう。

そうしたら、いつ読《よ》むか、時間《じかん》を決《き》めることが大事《だいじ》。毎朝《まいあさ》7時《じ》から15分《ふん》と決《き》める。1日《にち》めは、7時《じ》になったら、つくえに座《すわ》り、本《ほん》をとって1行《ぎょう》読《よ》んだら、おしまい。これを1週間《しゅうかん》くり返《かえ》す。つぎの週《しゅう》になったら、1ページの半分《はんぶん》を読《よ》む。これを1週間《しゅうかん》くり返《かえ》す。つぎの週《しゅう》は、1ページ読《よ》む。3週間《しゅうかん》、毎朝同《まいあさおな》じ時間《じかん》にできたら、もう習慣《しゅうかん》になっているよ。あとは、15分間毎日《ふんかんまいにち》読《よ》む。このステップでやるといつの間《ま》にか、できるようになっているよ。

習慣《しゅうかん》にしてしまうコツが身《み》についたら、人生《じんせい》が大《おお》きく変《か》わるよ。

お釈迦様《しゃかさま》は、言《い》いました。
「努力《どりょく》しながら生《い》きるのは、不死《ふし》の道《みち》である。
なまけて生《い》きるのは、死《し》の道《みち》である。」

人《ひと》を変《か》えることとは、できないけれど、自分《じぶん》を変《か》えることはできるんだ。自分《じぶん》を変《か》えるには、習慣《しゅうかん》を変《か》えてしまえばいいんだよ。

見《み》た目《め》がよくないから、人《ひと》に好《す》かれません。

見《み》た目《め》で人《ひと》とくらべない

人《ひと》に好《す》かれるのは、見《み》た目《め》だけじゃないよ。イケメンでも、好《す》かれない人《ひと》はいる。見《み》た目《め》がよくなくても、好《す》かれる人《ひと》もいる。

テレビに出《で》ている人《ひと》たちを思《おも》い浮《う》かべてごらん。正直《しょうじき》、見《み》た目《め》がよくない人《ひと》もいるよね。その人《ひと》たち、人《ひと》に好《す》かれていないかな？人《ひと》に好《す》かれているから、テレビやほかのお仕事《しごと》もあるんだよ。芸能界《げいのうかい》では、見《み》た目《め》がよくないことも、その人《ひと》の強《つよ》みになることがある。だから、見《み》た目《め》がよくないから、わたしは、ダメだなんて思《おも》わないことが大事《だいじ》だね。

どうして人《ひと》に好《す》かれるかをよく考《かんが》えてみればいい。どういうことをしている人《ひと》が人《ひと》から好《す》かれるのかを探《さが》してみたらどうだろう？

そして、あなたには、あなたのよさがあるはずだ。そんな自分《じぶん》のよさを見《み》つけるんだ。これは、なかなかむずかしいかもしれないけど、一度《いちど》やってみたらいい。

そして、見《み》た目《め》で、人《ひと》とくらべることはやめよう。見《み》た目《め》ではなく、自分《じぶん》のこころを清《きよ》らかにすることに、目《め》を向《む》けよう。

お釈迦様《しゃかさま》は、言《い》いました。

「身《み》のよそおいは、たとえととのっていなくても、行《おこな》いが静《しず》かで、こころおだやかで、からだをととのえて、つつしみが深《ふか》い。正《ただ》しく行《おこな》い、あらゆる生《い》き物《もの》をいじめることがない人《ひと》こそ、とうとい人《ひと》と言《い》うべきである。」

人《ひと》から好《す》かれ、したわれるのは、見《み》た目《め》ではないよ。こころがおだやかで、やさしいことばを使《つか》い、あらゆるものをいじめない、そんな人《ひと》をめざしたいね。

頭《あたま》が悪《わる》いから、なんにもやる気《き》がしない。

できることを一生《いっしょう》けんめい

頭《あたま》が悪《わる》いというのは、どういうことだろう？　テストの点数《てんすう》が低《ひく》いから、頭《あたま》が悪《わる》いと思《おも》っているのかな？　学校《がっこう》で勉強《べんきょう》したこともすぐわすれちゃうから、自分《じぶん》はダメなんだ、って思《おも》っているなんて、少《すこ》しもったいないな。

お釈迦様《しゃかさま》の弟子《でし》に、シュリハンドクという人《ひと》がいたんだ。シュリハンドクもじつは、おぼえるのがとっても苦手《にがて》。言《い》われたことをすぐにわすれてしまうので、シュリハンドク自身《じしん》もこまっていた。そこで、シュリハンドクは、お釈迦様《しゃかさま》に聞《き》いたんだ。

「わたしのように、ものごとをすぐわすれてしまう人《ひと》でも、お悟《さと》りを開《ひら》くことができるのでしょうか？」

お釈迦様《しゃかさま》は、やさしく言《い》ったんだ。

「お前《まえ》は、とっても素直《すなお》できれいなこころをもっている。そのこころを大切《たいせつ》にしなさい。そして、これからは、ほうきを持《も》って、そうじだけを一生《いっしょう》けんめいはげみなさい。」

それからシュリハンドクは、ほうきを持《も》ってそうじだけ一生《いっしょう》けんめいにして修行《しゅぎょう》にはげんだ。そして、長《なが》い年月《ねんげつ》がかかったけど、ついに悟《さと》りを開《ひら》くことができたんだよ。


お釈迦様《しゃかさま》は、言《い》いました。

「おろかな人《ひと》が、自分《じぶん》をおろかだと考《かんが》えるなら、その人《ひと》は賢者《けんしゃ》なのです。おろかな人《ひと》が、自分《じぶん》は賢者《けんしゃ》だと考《かんが》えるなら、彼《かれ》こそ『おろか者《もの》』とよばれるのです。」


自分《じぶん》にしかできないことを見《み》つけることができれば、あなたは、賢者《けんじゃ》になれるんだよ。自分《じぶん》を賢者《けんじゃ》だとかんちがいしている人《ひと》こそ、おろか者《もの》なんだね。南泉和尚《なんせんおしょう》も、気《き》をつけようっと。

がんばってもダメなときは、もうがんばらなくてもいい？

小《ち》さなステップをつみ重《かさ》ねよう

あなたは、がんばり屋《や》さんなんだね。がんばってがんばって、それでも、どうしてもうまくいかないという体験《たいけん》をしたんだね。すごいよ。がんばってもダメなときって、気持《きも》ちがつづかなくなっちゃうよね。

でも、がんばったということは、事実《じじつ》だよね。結果《けっか》は、たしかにダメだったかもしれないけど、がんばったことは、まちがいない。だから、自分《じぶん》をダメだなんて決《き》めなくていい。

一度《いちど》ゆっくり休《やす》もう。何《なに》をめざしてがんばったのか、もう一度《いちど》見《み》直《なお》してみよう。じつは、目標《もくひょう》が高《たか》すぎたということはないかな？

そんなときは、小《ちい》さなステップにすること。これこそが、がんばりつづけることができるコツなんだよ。とってもがんばったけど、ダメだったということをつみ重《かさ》ねるのか？　がんばりは小《ちい》さいけど、少《すこ》しだけできたとつみ重《かさ》ねるのか？　小《ちい》さながんばりは、つづけることができそうだね。

そして、もう一度《いちど》取《と》り組《く》もう。かならずなしとげることができると強《つよ》くこころを決《き》め、やりつづけるんだ。

お釈迦様《しゃかさま》は、言《い》いました。

「水《みず》は、１てきずつぽつんぽつんと落《お》ちていれば、水《みず》がめを満《み》たしてしまう。このように、小《ちい》さな善《よ》いことを重《かさ》ねれば、善《よ》いことに満《み》たされる。」

これから大人《おとな》になっても、がんばってもダメなときが、きっとくる。そんなとき、がんばったけどダメだったと思《おも》ってしまうのは、やめよう。小《ちい》さなステップにして、小《ちい》さなステップを少《すこ》しずつ重《かさ》ねていくことに取《と》り組《く》むとがんばれるよ。

自殺《じさつ》しちゃいけないのは、なぜ？

自分《じぶん》を守《まも》るのは自分《じぶん》

毎年《まいとし》、何人《なんにん》もの子《こ》どもたちが、自《みずか》らいのちを落《お》としているね。自殺《じさつ》を選《えら》ぶほど、こころが追《お》いつめられていたのかと思《おも》うと本当《ほんとう》につらい。

友《とも》だちとの関係《かんけい》やいじめで、とってもつらいことがあったとしても、自殺《じさつ》をしてはいけないよ。

自分《じぶん》なんていなくていいんだ、などということを考《かんが》えてしまうことがあるかもしれないけど、決《けっ》してそんなことは、ないんだ。

勉強《べんきょう》ができなくっても、いいじゃないか。

運動《うんどう》が苦手《にがて》でもいいじゃないか。

顔《かお》が美《うつく》しくなくってもいいじゃないか。

知《し》っているかい。人類《じんるい》が誕生《たんじょう》してから今《いま》までも、そしてこれからもあなたと同《おな》じ人《ひと》は、だれひとりとして存在《そんざい》しないんだよ。あなたは、過去《かこ》、現在《げんざい》、未来《みらい》を通《つう》じて、あなたひとりしかいないんだ。それほど、とうとい存在《そんざい》なんだよ。世界中《せかいじゅう》で、たったひとりしかいない自分《じぶん》を、いちばんそばにいるあなたが、いちばん好《す》きになってあげればいいじゃないか。あなたが、あなたを大好《だいす》きになるんだよ。

そんなあなたを守《まも》るのは、あなた自身《じしん》なんだからね。

お釈迦様《しゃかさま》は、言《い》いました。

「もし自己《じこ》を愛《いと》おしいものであると知《し》るならば、自分《じぶん》をよく守《まも》らなければならない。」

自分《じぶん》には、いいところなんて、何《なに》もなくて、好《す》きになれないよ。そんな声《こえ》が聞《き》こえてくるけど、それは、だれかとくらべているから、そう思《おも》うんだよ。あなたは、だれともくらべることができないんだよ。あなたは、あなただから。

教《おし》えて！ 和尚《おしょう》さん

2

Q 仏様《ほとけさま》と神様《かみさま》はちがうの？ どっちがえらいの？

A 仏様《ほとけさま》と神様《かみさま》は、ちがいます。

お釈迦様《しゃかさま》は昔《むかし》、本当《ほんとう》にいた人《ひと》です。お釈迦様《しゃかさま》のことをインドのことばでブッダ（Buddha）といいました。ブッダを漢字《かんじ》にして「仏陀《ぶっだ》」です。その一文字《いちもじ》をとって仏様《ほとけさま》といいます。

お釈迦様以外《しゃかさまいがい》にも、たくさんの仏様《ほとけさま》がいます。みんなも知《し》っているのは、お地蔵様《じぞうさま》、観音様《かんのんさま》、阿弥陀様《あみださま》、薬師様《やくしさま》などかな。仏教《ぶっきょう》にはたくさんの仏様《ほとけさま》がいます。

神様《かみさま》もたくさんいます。日本《にほん》では、神道《しんとう》があります。神社《じんじゃ》は、神道《しんとう》で、神様《かみさま》をおがむ場所《ばしょ》です。

キリスト教《きょう》もイスラム教《きょう》も神様《かみさま》です。

ほかにもたくさんの国《くに》に宗教《しゅうきょう》があり、異《こと》なる神様《かみさま》を大切《たいせつ》しています。

どちらがえらいのか？　ということはありません。

どの仏様《ほとけさま》も神様《かみさま》も、それを信《しん》じている人《ひと》がいます。信《しん》じている人《ひと》にとって、どれも大切《たいせつ》です。ですから、信《しん》じているものがちがうからと言《い》って、その人《ひと》をけなしたりしてはいけません。

あなたの信《しん》じている仏様《ほとけさま》も大切《たいせつ》。あの人《ひと》が信《しん》じている神様《かみさま》も大切《たいせつ》。どちらも大切《たいせつ》で、どちらもえらいのです。

信《しん》じているものが、異《こと》なることで、争《あらそ》いを起《お》こしてはなりません。

社会《しゃかい》のルールと こころのモヤモヤ

いろいろな国《くに》、いろいろな年《ねん》れいの人《ひと》と、気持《きも》ちよく過《す》ごすために大切《たいせつ》なこと。

あいさつって、どうしてしないといけないの？

とっても気《き》持《も》ちいいから

あいさつは、人《ひと》と人《ひと》が、仲良《なかよ》く幸《しあわ》せにくらすための基本《きほん》だからだよ。もしあなたが、友《とも》だちと仲良《なかよ》く、お父《とう》さんお母《かあ》さんとも仲良《なかよ》く、みんなと仲良《なかよ》くくらしたいなら、しっかりとあいさつをしよう。

でも、しっかりとあいさつができる人《ひと》は、じつはそんなに多《おお》くないんだ。自分《じぶん》のまわりを見《み》てごらん。だれにでも、自分《じぶん》からあいさつをしている人《ひと》は、本当《ほんとう》に少《すく》ないよ。だから、あいさつがしっかりできる人《ひと》は、とってもすごい人《ひと》なんだよ。

そして、あいさつは、自分《じぶん》からするんだ。まず、朝起《あさお》きたら、自《じ》

分《ぶん》からお父《とう》さんお母《かあ》さんに「おはようございます。」ってあいさつしてごらん。これを毎日《まいにち》。きっとお父《とう》さんお母《かあ》さんもあなたにあいさつをしてくれるよ。それもとびっきりの笑顔《えがお》でね。こんな朝《あさ》をむかえたら、1日《にち》が楽《たの》しくてワクワクしちゃうね。

お釈迦様《しゃかさま》は、言《い》いました。

「ものごとは、こころにもとづき、こころを主《あるじ》とし、こころによってつくり出《だ》される。

もしもよごれたこころではなしたり、行動《こうどう》するなら、苦《くる》しみは、その人《ひと》につきしたがう。

もしも清《きよ》らかなこころではなしたり行動《こうどう》するなら、幸福《こうふく》はその人《ひと》につきしたがう。」

自分《じぶん》からあいさつをするってことは、清《きよ》らかなこころで行動《こうどう》していること。だから、とっても気持《きも》ちよくって、幸《しあわ》せな気持《きも》ちになっちゃう。学校《がっこう》に行《い》くとちゅう、道《みち》で人《ひと》に会《あ》ったら、「おはようございます。」とあいさつしちゃおう。毎日《まいにち》が、ステキになっちゃうね。

整理《せいり》整《せい》とんや部屋《へや》の片《かた》づけは、どうしてしないといけないの？

気《き》持《も》ちよく生活《せいかつ》するため

よごれたから片《かた》づけるのではないよ。いつもきれいにしておくために、片《かた》づけるんだ。こころをいつも清《きよ》らかな状態《じょうたい》にしておくのと同《おな》じ。部屋《へや》もいつもきれいにしておくんだ。

それとね、整理《せいり》と整《せい》とんは、べつのことだよ。整理《せいり》とは、いらないものをすてること。整《せい》とんは、必要《ひつよう》なものをすぐにとれるようにしておくことなんだ。

これをいっしょに考《かんが》えてやっちゃうから、わからなくなってしまう。まず先《さき》に、いらないものをすてることをやろう。いらないか、

いるかは、あなたのこころに聞《き》いてみれば、きっとこころが教《おし》えてくれる。

いらないものをすてたら、必要《ひつよう》なものだけが残《のこ》っているんだから、それをどこにしまうかを決《き》めよう。しまう場所《ばしょ》を決《き》めたら、わすれないように、ノートなどに記録《きろく》しておくといいよね。

そうしたら、きれいにそうじをしよう。

そして、いつもきれいな部屋《へや》にしておけば、とっても気持《きも》ちよく生活《せいかつ》できるよ。

教科書《きょうかしょ》をおく場所《ばしょ》は決《き》まっているかい？　おく場所《ばしょ》が決《き》まっていないと、必要《ひつよう》なときに探《さが》さなければならないよね。どこにおいたかわすれちゃって見《み》つからないなんてこともあるかもしれないね。

でも、いつも同《おな》じ場所《ばしょ》においておけば、必要《ひつよう》なときにすぐに使《つか》えるよね。これって、とても大事《だいじ》なことだよ。とっても短《みじか》い時間《じかん》で、準備《じゅんび》ができてしまう。

だから、整理《せいり》整《せい》とんや部屋《へや》の片《かた》づけは、あなたのいのちの時間《じかん》を長《なが》くすることにもつながるんだよ。

ごはんを食《た》べる前《まえ》に「いただきます」って言《い》うのはなぜ？

いのちをいただくことに感謝《かんしゃ》

あなたは、毎朝《まいあさ》ごはんを食《た》べていますか？　お昼《ひる》は学校《がっこう》で給食《きゅうしょく》かな。そして夜《よる》は、家族《かぞく》みんなでおいしい食事《しょくじ》を食《た》べることができるね。このことは、当《あ》たり前《まえ》に思《おも》うけど、じつは、当《あ》たり前《まえ》じゃないんだよ。

あなたの目《め》の前《まえ》にならんだ食《た》べ物《もの》は、じつはすべていのちなんだ。お魚《さかな》やお肉《にく》もいのち。お米《こめ》やパンもいのち。やさいやくだもの、みんなみんないのちなんだ。わたしたち人間《にんげん》は、たくさんのいのちをいただくことで、生《い》きていくことができるんだよ。

たくさんのいのちをいただけることに感謝《かんしゃ》して、食《た》べる前《まえ》に言《い》うのが、「いただきます。」ということばなんだ。

テーブルにならんだ食《た》べ物《もの》は、じつはとってもたくさんの人《ひと》と時《じ》間《かん》がかかってつくられている。お母《かあ》さんがスーパーで買《か》うまでにも、たくさんの人《ひと》がかかわっている。どれだけの苦労《くろう》や手間《てま》がかかっているのか、一度《いちど》考《かんが》えてみるといいよ。そうしたら、どんな食《た》べ物《もの》も大切《たいせつ》にしなければならない、むだにできないなって思《おも》うよね。好《す》きらいなんて、言《い》っていられないはずだ。


お釈迦様《しゃかさま》は、言《い》いました。

「ほどこされた食《た》べ物《もの》や飲《の》み物《もの》に不平不満《ふへいふまん》を言《い》う人《ひと》は、昼《ひる》も夜《よる》も安《やす》らぎを得《え》ることはない。」


あなたの目《め》の前《まえ》にならんだ食事《しょくじ》が、たとえどんなものであろうとも、不平不満《ふへいふまん》を言《い》わず、ありがたくいただいてください。

すべての食事《しょくじ》を感謝《かんしゃ》していただくことも、こころが清《きよ》らかになることなんだね。

おいしい食事《しょくじ》をいただくと、ほんと幸《しあわ》せだね。

どうしてお金《かね》持《も》ちとびんぼうがあるの？

幸《しあわ》せはこころが決《き》める

今《いま》の世界《せかい》を動《うご》かしている経済《けいざい》のしくみだと、お金《かね》持《も》ちとびんぼうな人《ひと》が、どうしても生《う》まれてしまうんだ。お金《かね》は、お金《かね》持《も》ちのほうに集《あつ》まり、びんぼうな人《ひと》のところには、なぜかやってこない。

このしくみを変《か》えないかぎり、この差《さ》が、もっと大《おお》きくなるといわれているんだ。

でも、お金《かね》持《も》ちだからといって、みんなが幸《しあわ》せだとはいえない。びんぼうだからといって、不幸《ふこう》だともいえないんだ。幸《しあわ》せは、こころが決《き》めるからね。どんなにお金《かね》持《も》ちでも、こころ

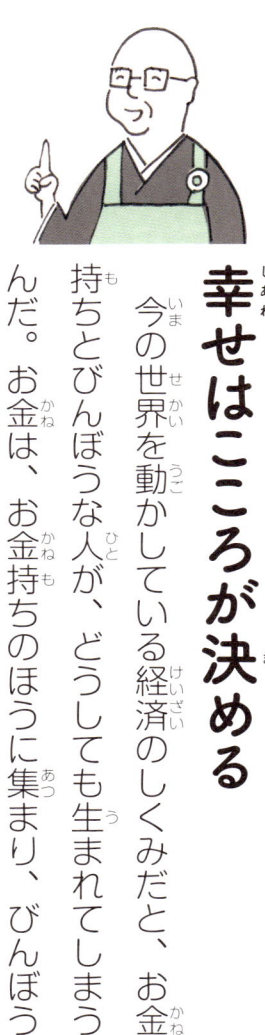

がよごれていれば、幸《しあわ》せじゃないんだ。どんなにびんぼうだといっても、こころが清《きよ》い人《ひと》は、幸《しあわ》せだと感《かん》じることができるよ。

お釈迦様《しゃかさま》は、言《い》いました。

「たとえ金貨《きんか》の雨《あめ》が降《ふ》ろうとも、欲望《よくぼう》が満足《まんぞく》することはない。快楽《かいらく》の味《あじ》は短《みじか》く、あとにつづくのは苦《くる》しみである。」

欲《よく》の少《すく》ない人《ひと》は、まずしいかもしれないが、富《と》んでいる。

欲《よく》が深《ふか》い人《ひと》は、富《と》んでいるかもしれないが、まずしい。

お金《かね》をひとりじめしたいというような強《つよ》い欲《よく》を、こころがおさえることができないんだね。こころを静《しず》かにして、あらゆるものを感謝《かんしゃ》で受《う》け止《と》めることが、幸《しあわ》せをもたらしてくれるんだよ。

カやゴキブリは殺《ころ》していいのに、どうして犬《いぬ》やネコは殺《ころ》してはいけないの？

いのちの重《おも》さは同《おな》じだね

いのちの重《おも》さという点《てん》からすれば、カやゴキブリも、犬《いぬ》やネコのいのちも同《おな》じだと見《み》ることができるよね。そのとおりだ。

そのように、考《かんが》えて生活《せいかつ》した人《ひと》たちがいるんだよ。それは、お釈迦様《しゃかさま》とそのお弟子《でし》さんたちだ。道《みち》を歩《ある》くとき、小《ちい》さな虫《むし》も殺《ころ》さないように、すり足《あし》で歩《ある》いたといわれているんだよ。すり足《あし》というのは、歩《ある》くときに足《あし》を上《あ》げず、足《あし》のうらを上《あ》げず、引《ひ》きずって歩《ある》くこと。そうやって移動《いどう》したんだ。

今《いま》でも、お釈迦様《しゃかさま》が生《い》きていたときと同《おな》じような生活《せいかつ》を大切《たいせつ》にしている国《くに》もあるんだ。

そういった国《くに》では、家《いえ》を建《た》てるとき、土《つち》を掘《ほ》ると出《で》てくるミミズを1ぴき1ぴき手《て》でつまんで、べつの場所《ばしょ》にうつすそうだよ。全部《ぜんぶ》うつし終《お》わったあと、工事《こうじ》をはじめるんだって。

お釈迦様《しゃかさま》は、言《い》いました。

「すべての生《い》き物《もの》は、暴力《ぼうりょく》におびえ、すべての生《い》き物《もの》にとっていのちは愛《いと》しい。自分《じぶん》の身《み》に引《ひ》きくらべて、殺《ころ》してはならない。殺《ころ》させてはならない。」

すべての生《い》き物《もの》にとって、いのちは大切《たいせつ》。自分自身《じぶんじしん》のいのちと同《おな》じように、受《う》け止《と》めることができると、もっとみんなが幸《しあわ》せになれるだろうね。

人《ひと》が見《み》ていなければ、ちょっとぐらいズルしてもいいと思《おも》うけど……。

だれも見《み》ていないと思《おも》っても…

人《ひと》が見《み》ていなければ、ちょっとくらいズルしちゃってもいいんじゃないかと思《おも》っちゃうよね。そんな気《き》持《も》ちが起《お》こるのが、人間《にんげん》かもしれないね。

でもね、だれも見《み》ていないけど、じっと見《み》ている人《ひと》がいるよ。だれだと思《おも》う？

お母《かあ》さん、お父《とう》さん？　ご先祖様《せんぞさま》？　お釈迦様《しゃかさま》？

どれも正《ただ》しいけど、もうひとり……。

そう、あなた自身《じしん》だ。

だれも見《み》ていなくても、あなたは、あなたの行《おこな》いをずっと見《み》てい

るんだよ。だからじつは、だれも見《み》ていないことにはならないよね。

お釈迦様《しゃかさま》は、言《い》いました。

「『わたしはその報《むく》いを受《う》けることはない』と思《おも》って、悪《あく》を軽《かる》く考《かんが》えてはいけない。水《みず》が1てきずつしたたり落《お》ち、水《みず》がめを満《み》たすように、小《ちい》さな悪《あく》を重《かさ》ねれば、わざわいに満《み》たされる。」

だれも見《み》ていないから、ちょっとした悪《わる》いことをしてもいいだろう、なんて思《おも》って悪《わる》いことをつみ重《かさ》ねていると、いつの間《ま》にか、悪《わる》いことで、あなたのこころがいっぱいになってしまうよ。

たとえ小《ちい》さな水《みず》の1てきでも、たくさん集《あつ》まれば、バケツいっぱいになってしまうんだ。

だれも見《み》ていないからこそ、悪《わる》いことじゃなく、善《よ》いことをしよう。

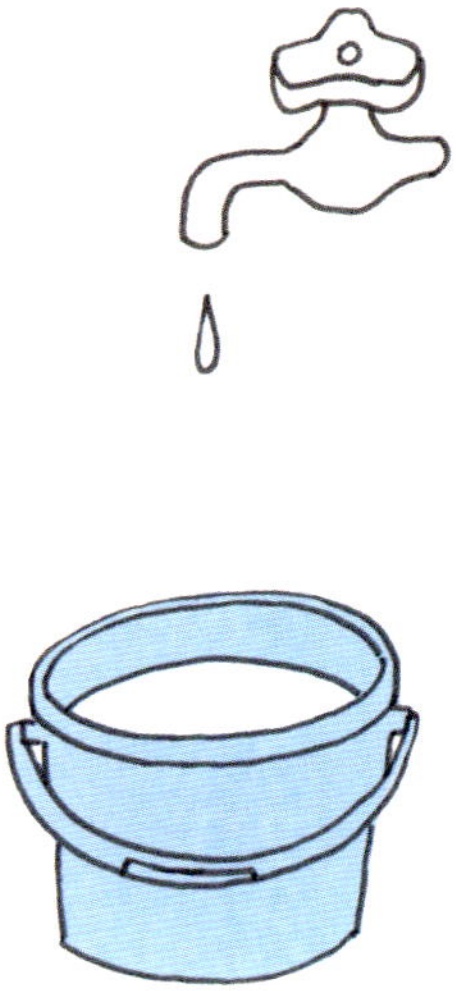

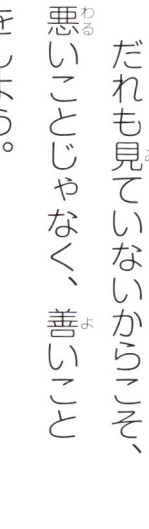

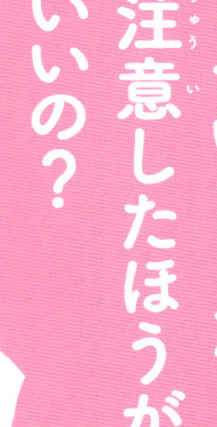

大人《おとな》が信号無視《しんごうむし》をしていました。注意《ちゅうい》したほうがいいの？

正《ただ》しいことを伝《つた》える勇気《ゆうき》をもとう

信号無視《しんごうむし》は、事故《じこ》が起《お》こる可能性《かのうせい》がとっても高《たか》いもの。事故《じこ》が起《お》こったら、その大人《おとな》だけでなく、ほかの人《ひと》にもめいわくがかかるからね。それに、悪《わる》いことは悪《わる》いとしっかり伝《つた》えることは、とっても大切《たいせつ》なことだよ。

南泉和尚《なんせんおしょう》は、こんな体験《たいけん》をしたことがあるんだ。

何年《なんねん》か前《まえ》、東京《とうきょう》でお葬式《そうしき》があったんだ。冬《ふゆ》のこと。コートを着《き》ていたんだけど、お坊《ぼう》さんだとすぐにわかるかっこうをしていたんだ。電車《でんしゃ》に乗《の》ると、男《おとこ》の人《ひと》が、いすいっぱいにからだを投《な》げうって寝《ね》ていたんだ。まわりの人《ひと》もみんなこまっている。こまったなあ、ほかの人《ひと》が座《すわ》れないじゃないか？　と思《おも》ったんだけど、寝《ね》ないでくださいって言《い》う勇気《ゆうき》がなかったんだ。

すると小学生《しょうがくせい》の男《おとこ》の子《こ》が、わたしのところに来《き》てこう言《い》ったんだよ。「注意《ちゅうい》してください！」


そうだよね、よくないことだもんね。そのことばにうながされて、南泉和尚《なんせんおしょう》は、その人《ひと》の横《よこ》に座《すわ》り、「あのさ、調子《ちょうし》でも悪《わる》いのかな？　ほかの人《ひと》が座《すわ》れないから、起《お》きないか？」と言《い》ったんだ。

その人《ひと》は、すぐに起《お》き上《あ》がって、南泉和尚《なんせんおしょう》とはなしをしたんだ。体調《たいちょう》が悪《わる》かったのではなく、とてもねむかったのだって。しばらくはなしたら降《お》りる駅《えき》になって、手《て》をふって行《い》っちゃった。

小学生《しょうがくせい》の一言《ひとこと》で、南泉和尚《なんせんおしょう》も勇気《ゆうき》をもつことができたんだ。


お釈迦様《しゃかさま》は、言《い》いました。

「自分《じぶん》の弱《よわ》いこころに勝《か》った者《もの》を、最高《さいこう》の勝利者《しょうりしゃ》というのです。」


人《ひと》に正《ただ》しいことを伝《つた》えるのも、勇気《ゆうき》がいるね。自分《じぶん》の弱《よわ》いこころに勝《か》たないといけないからね。

悪《わる》い大人《おとな》といい大人《おとな》、どうやって見分《みわ》けたらいいの？

人《ひと》のために働《はたら》く人《ひと》は

悪《わる》い大人《おとな》といい大人《おとな》の見分《みわ》け方《かた》？　うーん、むずかしい質問《しつもん》だね。たしかに悪《わる》い大人《おとな》もいるし、いい大人《おとな》もいる。子《こ》どもは、どう見分《みわ》ければいいのかわかんないよね？

悪《わる》い人《ひと》だと思《おも》っていたら、じつは、とってもいい人《ひと》だったり、いい人《ひと》だと思《おも》っていたら、じつは悪《わる》い人《ひと》だったなんてこともあるよね。

お釈迦様《しゃかさま》は、言《い》いました。

「かけ事《ごと》をして、いつもお酒《さけ》を飲《の》みすぎている人《ひと》。

おくさん以外《いがい》の女《おんな》の人《ひと》も好《す》きになってしまい、こころがいやしい人《ひと》と友《とも》だちになっている。それでいて、知識《ちしき》が豊《ゆた》かなかしこい人《ひと》とは、つき合《あ》わない。

このような人《ひと》は、財産《さいさん》も信頼《しんらい》もなくなってしまう。

昼《ひる》は寝《ね》て、夜《よる》になると街《まち》を出歩《てある》く。

いつもよっぱらっている人《ひと》は、いつの間《ま》にか、借金《しゃっきん》がふえて、家《いえ》を守《まも》ることができない。

寒《さむ》すぎると言《い》って仕事《しごと》をせず、暑《あつ》すぎると言《い》って仕事《しごと》をしない。

遅《おそ》すぎると言《い》っても仕事《しごと》をしない。

そんな人《ひと》は、お金《かね》が逃《に》げていく。

このような人《ひと》と友《とも》だちになってはいけない。

たとえ寒《さむ》くても暑《あつ》くてもどんなときでも、一生《いっしょう》けんめい仕事《しごと》をして、人《ひと》のために働《はたら》く人《ひと》は、苦《く》をはなれた楽《らく》を失《うしな》うことはない。」

悪《わる》い大人《おとな》もいい大人《おとな》も、遠《とお》い昔《むかし》から、あまり変《か》わらないようだね。

年上《としうえ》の人《ひと》をうやまい、年下《としした》の人《ひと》に情《なさ》けをかけて、どんなこともいやがらずに、人《ひと》のために働《はたら》く人《ひと》を、「ほとけ」と言《い》うんだって。

大人《おとな》は「イマドキの子《こ》は……」とか言《い》うけど、どうすりゃいいの？

きっと悪《わる》いことばかりじゃないよ

気《き》にしないこと。その大人《おとな》も子《こ》どものころ、「イマドキの子《こ》は……」って、言《い》われていたはずだから。大人《おとな》が育《そだ》ったころとみんなが育《そだ》っている今《いま》とは、環境《かんきょう》がちがいすぎるんだ。人《ひと》は、自分《じぶん》の経験《けいけん》でしか、よい悪《わる》いを判断《はんだん》できない。だから、自分《じぶん》の子《こ》どものころとちがうので、「イマドキの」って言《い》っているだけなんだよ。

今《いま》は、ネットがあり、スマホが当《あ》たり前《まえ》の時代《じだい》だもの。南泉和尚《なんせんおしょう》が子《こ》どものころは、携帯電話《けいたいでんわ》など夢《ゆめ》のまた夢《ゆめ》だったんだからね。

これからは、AI《エーアイ》がもっと進化《しんか》し、生活《せいかつ》がもっともっと大《おお》きく変《か》わる。これからの時代《じだい》を担《にな》っていくのは、あなたたち、今《いま》の子《こ》どもだよ。だから、あなたたち、今《いま》の子《こ》どもたちの豊《ゆた》かな考《かんが》えが新《あたら》しい時代《じだい》をつくり出《だ》していくんだ。

「イマドキの子《こ》は……」のつぎにくるのは、悪《わる》いことばかりじゃないはずだよ。

「イマドキの子《こ》は、みなすごいね！」って言《い》っている可能性《かのうせい》が、大《おお》きいんじゃないかな！

「イマドキの子《こ》は、ロボットといっしょにくらすんだ」とかね⁉

そんな未来《みらい》を担《にな》うあなたたち、イマドキの子《こ》に、南泉和尚《なんせんおしょう》は、こころからエールを送《おく》るよ！

お釈迦様《しゃかさま》は、言《い》いました。

「今《いま》と昔《むかし》をくらべても、ほかの人《ひと》と自《じ》分《ぶん》をくらべても、ぐちを言《い》ってもしかたない。それよりも今大事《いまだいじ》と思《おも》うことをしっかりとしていく。」

スマホやネットの何《なに》がコワいの？

悪用《あくよう》する人《ひと》がいるから

スマホやネットがこわいんじゃないよ。使《つか》い方《かた》をまちがえるとコワイものになっちゃうこともあるということだよ。

スマホは、コンピューター。だから、いろいろなことができるよね。動画《どうが》も見《み》ることができるし、メールやチャットもできる。ゲームもあれば、買《か》い物《もの》もできちゃう。

子《こ》どもにとって、よくないこともたくさんできる。

何《なに》も知《し》らずアクセスし、あなたの大切《たいせつ》な個人情報《こじんじょうほう》やマイナンバーなどを登録《とうろく》してしまうと、悪用《あくよう》する悪《わる》い大人《おとな》がいるのは、残念《ざんねん》だけどたしかなんだ。

だまされることも、ある。お金をとられちゃうこともないわけじゃない。べんりなもののうらには、あぶないこともあるのは、知《し》っておいてほしい。

でも、これからは、ほとんどすべてのモノが、ネットにつながるようになる。メガネ、うで時計《どけい》はもちろん、自動車《じどうしゃ》や電子《でんし》レンジ、冷蔵庫《れいぞうこ》、家《いえ》、調理《ちょうり》コンロ、テレビ、オーディオ、カードなどなど2020年《ねん》ごろには、身《み》のまわりのモノほとんどが、ネットにつながる時代《じだい》になるんだ。

そんな時代《じだい》を生《い》きるのが、みんなだよね。

ネットにふりまわされるのではなく、使《つか》いこなす人《ひと》になってほしいと南泉和尚《なんせんおしょう》は、願《ねが》っているよ。

で、そんな時代《じだい》に、もっともっと大切《たいせつ》になるのが、こころなんだ。こころは、人間《にんげん》にしかない大切《たいせつ》なモノ。こころを清《きよ》らかにしつづけていくことが、幸《しあわ》せにつながることをわすれないでほしい。

お釈迦様《しゃかさま》が、説《と》いたこと。こころをととのえることが、今《いま》まで以《い》上《じょう》に大切《たいせつ》になるから、ときどきこの本《ほん》を読《よ》み返《かえ》してね。

どうして戦争《せんそう》ってなくならないの？

うらみをすてられないから

本当《ほんとう》にそうだね。戦争《せんそう》は、なくなってほしいけど、なくならない。それは、長《なが》い長《なが》い間《あいだ》に、こじれてしまった国《くに》と国《くに》、民族《みんぞく》と民族《みんぞく》のむずかしく深《ふか》い問題《もんだい》があるからなんだ。

日本《にほん》は、昔《むかし》戦争《せんそう》をした。第二次世界大戦《だいにじせかいたいせん》だ。太平洋戦争《たいへいようせんそう》ともいうよ。そして、原爆《げんばく》を落《お》とされて、戦争《せんそう》は終《お》わった。戦争《せんそう》が終《お》わると、戦《たたか》った国《くに》とさまざまなことをはなし合《あ》う。そのひとつにスリランカという国《くに》があった。この国《くに》は、仏教《ぶっきょう》を大切《たいせつ》にしている国《くに》なんだ。戦《せん》争《そう》のあと、スリランカの人《ひと》は、日本《にほん》にこう言《い》ったんだ。

「スリランカは、日本《にほん》がお金《かね》をはらうことを望《のぞ》みません。うらみにうらみで返《かえ》しては、うらみをなくすことはできないからです。」

お釈迦様《しゃかさま》は、言《い》いました。

「この世《よ》においては、うらみに対《たい》してうらみをもって返《かえ》すなら、いつまでもうらみが消《き》えることはない。うらみをすててこそうらみは消《き》える。」

お釈迦様《しゃかさま》のこの教《おし》えにしたがい、スリランカの人《ひと》たちは、うらみをすてる、お金《かね》はもとめない、と言《い》ったんだよ。これって本当《ほんとう》にすごいことなんだよ!!

また、お釈迦様《しゃかさま》が生《い》きていたころ、お釈迦様《しゃかさま》の国《くに》も戦争《せんそう》に巻《ま》きこまれたことがあったんだ。そのとき、お釈迦様《しゃかさま》は、武器《ぶき》も何《なに》も持《も》たず、敵《てき》の兵士《へいし》たちの前《まえ》に出《で》て行《い》った。そのすがたに、敵《てき》の兵士《へいし》は、おそれをなして、立《た》ち去《さ》ったといわれているよ。

怒《いか》りによらないことで、打《う》ち克《か》つこと、お釈迦様《しゃかさま》の教《おし》えこそ、戦《せん》争《そう》をなくすと南泉和尚《なんせんおしょう》は、こころから信《しん》じているんだ。

教《おし》えて！ 和尚《おしょう》さん 3

Q こころはどこにあるの？

A こころは、どこにあるんだろう？

子《こ》どものころは、心臓《しんぞう》のあたりだと思《おも》っていたんだ。実際《じっさい》、こころが動《うご》くとき、からだにもえいきょうが出《て》るよね。ドキドキするのが、速《はや》くなったりする。心配《しんぱい》ごとがあると胸《むね》のあたりがキューとなったりする。こころは、目《め》には見《み》えないけど、からだの一部《いちぶ》であると思《おも》っていいよね。

心臓《しんぞう》のあたりにあるというのも、まちがいではないようだよ。

また、こころは、脳《のう》にあるというのもあっていると思《おも》うんだ。脳《のう》は、人間《にんげん》のすべての部分《ぶぶん》をコントロールしているからね。脳《のう》からの指令《しれい》により、からだも動《うご》く。こころは、脳《のう》にあって、そこで感《かん》じたことについて脳《のう》から指令《しれい》が出《て》て、心臓《しんぞう》やほかの部分《ぶぶん》が動《うご》くんだ。

こころの状態《じょうたい》は、からだに表《あらわ》れるよ。だから、心配《しんぱい》ごとがあると顔《かお》の表情《ひょうじょう》が変《か》わるんだ。これが、こころが顔《かお》に出《て》るということだね。うれしいことがあっても顔《かお》に出《て》る。悲《かな》しいことがあっても顔《かお》に出《て》る。いやなことがあっても顔《かお》に出《て》る。

顔《かお》の表情《ひょうじょう》は、こころの表情《ひょうじょう》でもあるんだね。

家族《かぞく》のことでこころがモヤモヤ

とっても近《ちか》くに、とっても長《なが》くいっしょにいる家族《かぞく》と、
笑顔《えがお》でくらすために。

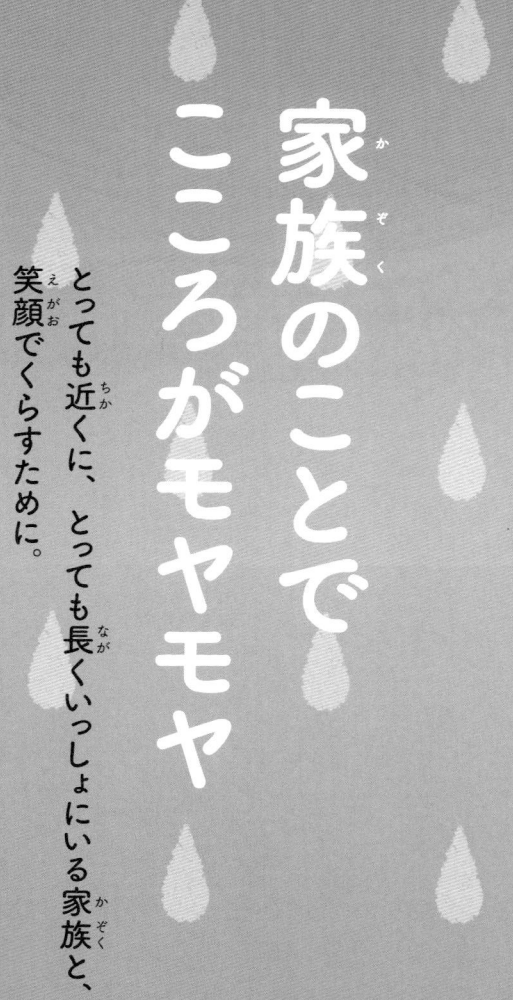

親《おや》の言《い》うことって、かならず正《ただ》しいの？

親《おや》は子《こ》どもの幸《しあわ》せを願《ねが》う

親《おや》の言《い》うことは、かならず正《ただ》しいかと言《い》えば、正《ただ》しくないこともあると思《おも》うよ。だけど、親《おや》の言《い》うことは、聞《き》きましょう。

なぜなら、親《おや》だから。べつに深《ふか》い理由《りゆう》はなくても、親《おや》の言《い》うことを聞《き》くことが大切《たいせつ》。やっぱりあなたを思《おも》う、親《おや》の愛情《あいじょう》には、どんな人《ひと》でもかなうことはないよ。子《こ》を思《おも》う親《おや》の気持《きも》ちってすごいんだ。

お釈迦様《しゃかさま》は、言《い》いました。
「東《ひがし》の方角《ほうがく》を親《おや》だと思《おも》って、礼拝《れいはい》しなさい。そして、子《こ》どもは、親《おや》

につぎのように仕《つか》えなさい。

父母《ふぼ》に育《そだ》ててもらった恩《おん》をわすれず、大人《おとな》になったら父母《ふぼ》を養《やしな》いなさい。父母《ふぼ》のなした仕事《しごと》を行《おこな》いなさい。家系《かけい》を大切《たいせつ》に継《つ》いでいきなさい。そして、父母《ふぼ》の残《のこ》した財産《ざいさん》を継《つ》ぎなさい。

ご先祖様《せんぞさま》に、線香《せんこう》を立《た》て、お花《はな》やくだものなどを供《そな》えなさい。

東《ひがし》の方角《ほうがく》である父母《ふぼ》は、つぎのように子《こ》どもにしなさい。悪《わる》いことをしないように防《ふせ》ぐ。善《よ》いことをするようにしむける。いろいろなことを学《まな》ばせる。子《こ》にふさわしい妻《つま》（夫《おっと》）をむかえさせる。ふさわしいときがきたら、家《いえ》や事業《じぎょう》を相続《そうぞく》させる。

このように子《こ》は親《おや》に、親《おや》が子《こ》につくせば、東《ひがし》の方角《ほうがく》は保護《ほご》され、安全《あんぜん》で不安《ふあん》はなくなります。」


親《おや》は、子《こ》どもの幸《しあわ》せを願《ねが》っているんだ。ときには、うざいなって思《おも》うこともあるけど、悪《わる》い道《みち》に入《はい》らないで、善《よ》いことをしてほしいという、強《つよ》い思《おも》いから言《い》っていることをわかってほしいな。

親《おや》がいろいろうるさい。ほっといてほしいのに……。

心配《しんぱい》でしかたがないんだよ

いろいろとうるさいことを言《い》う、それが、親《おや》なんだな。でも、同時《どうじ》に最大《さいだい》の応援団《おうえんだん》なのも親《おや》なんだよ。

でもね、あんまりうるさく言《い》いすぎるのもじつは、よくないと南泉和尚《なんせんおしょう》は、思《おも》っている。子《こ》どもにかかわりすぎると、子《こ》どもの成長《せいちょう》をストップさせてしまうことになりかねない。

だから、少《すこ》しはなれた木《き》の上《うえ》からじっと見《み》ているくらいのきょりがいいと昔《むかし》からいわれている。親《おや》という漢字《かんじ》を分解《ぶんかい》すると、「木」「立」「見」からできていることがわかるね。木《き》の上《うえ》に立《た》って見《み》ているということ。これが、親《おや》なんだね。そのくらいのきょりで、子《こ》ど

もの成長《せいちょう》を見守《みまも》っているといい。

だけど、親《おや》は、子《こ》どものことが心配《しんぱい》なんで、わかってはいるんだけど、ついついうるさく言《い》ってしまう。とくに母親《ははおや》は、そうなんだ。これは、しかたないこと。だって、あなたを10か月《げつ》も体内《たいない》で育《そだ》てたんだもの。あなたもいつかは、親《おや》のもとをはなれ、しっかり自立《じりつ》して生《い》きていかなければならない。一生親《いっしょうおや》をたよりに生《い》きていくことは、できないんだ。うるさい親《おや》もじつは、とってもありがたいことだったって、いつか気《き》づくときがくる。

お釈迦様《しゃかさま》は、言いました。

「あなたのあやまちを指摘《してき》してくれる聡明《そうめい》な人《ひと》に出会《であ》ったら、財宝《さいほう》の在所《さいしょ》を教《おし》えてくれる人《ひと》にしたがうように、そのかしこい人《ひと》にしたがいなさい。」

あなたが、もしまちがったことをして、そのことを親《おや》が言《い》ってくれたとしたら、それは、とてつもない宝物《たからもの》。

親《おや》に、したがうことも大切《たいせつ》だよ。

お父《とう》さんとお母《かあ》さんがいつもケンカしています。わたしのせい？

時間《じかん》が過《す》ぎると仲良《なかよ》くなるよ

お父《とう》さんとお母《かあ》さんのケンカは、あなたのせいなんかじゃないよ。子《こ》どもは、親《おや》のことを本当《ほんとう》によく見《み》ているので、ケンカを自分《じぶん》のせいじゃないかと考《かんが》えてしまうんだよね。でもね、それは、ちがう。

あなたが生《う》まれたころは、うれしくて、愛《いと》おしくて、お父《とう》さんもお母《かあ》さんもあなたを真《ま》ん中《なか》にした生活《せいかつ》だった。あなたが大《おお》きくなると、お父《とう》さんの仕事《しごと》も変《か》わってくる。お母《かあ》さんも子育《こそだ》てから少《すこ》し手《て》がはなれるようになる。

そうやって少《すこ》しずつ毎日《まいにち》の生活《せいかつ》が変《か》わってくるんだ。

すると、お父《とう》さんお母《かあ》さんの気持《きも》ちも変《か》わってくるんだ。これは、しかたないこと。よくはなしをしているようでも、おたがいのことがよくわからないんだ。だから、ときには、大《おお》きな声《こえ》を出《だ》してしまうことになっちゃうんだな。

でもね、これは、時間《じかん》が過《す》ぎるとまた仲良《なかよ》くなるよ。

夫婦《ふうふ》がずっと仲良《なかよ》くしていくために、それぞれがすべきことをお釈迦様《しゃかさま》は、具体的《ぐたいてき》に説《と》いていてくれたよ。

お釈迦様《しゃかさま》は、言《い》いました。

「夫《おっと》が妻《つま》にすべきこと　①尊敬《そんけい》すること　②軽《けい》べつしないこと　③妻以外《つまいがい》の女性《じょせい》を好《す》きにならないこと　④実権《じっけん》をまかせること　⑤装飾品《そうしょくひん》をあたえること

妻《つま》が夫《おっと》にすべきこと　①よく仕事《しごと》をすること　②勤勉《きんべん》であること　③夫以外《おっといがい》の男性《だんせい》を好《す》きにならないこと　④親族《しんぞく》やまわりの人《ひと》の世話《せわ》をすること　⑤財産《さいさん》を守《まも》ること」

お釈迦様《しゃかさま》のおはなしをしてあげてみるといいかもね？

お母《かあ》さんとおばあちゃんの仲《なか》が悪《わる》いです。どうしたら仲《なか》良《よ》くなりますか？

おたがいのいいところを見《み》つける

どうしても、悪《わる》いところばかりが目《め》についてしまうのが人間《にんげん》なんだ。だから、いいところを見《み》つけようと少《すこ》しの努力《どりょく》が必要《ひつよう》なんだ。いいところを見《み》つけて伝《つた》える、これをやったらどうだろう？

南泉和尚《なんせんおしょう》は、年《ねん》に一度《いちど》地元《じもと》の小学校《しょうがっこう》で授業《じゅぎょう》をするんだ。小学校《しょうがっこう》5年生《ねんせい》では、いいところ見《み》つけの授業《じゅぎょう》。この授業《じゅぎょう》をお母《かあ》さんとおばあちゃんにしてあげてみたらどうでしょう？　あなたが、先生《せんせい》になって授業《じゅぎょう》をしたら、なんだか楽《たの》しそうだから、きっとふたりとも生徒《せいと》になってくれるよ。内容《ないよう》は、こんな感《かん》じ。

「人《ひと》は、意識《いしき》しないといいところが目《め》に入《はい》りません。それは、ぼんやりとピントが合《あ》っていない状態《じょうたい》に似《に》ています。ピントを合《あ》わせていいところをハッキリ見《み》るには、どうすればいいのでしょうか？

ちょっとテストをします。立《た》って、その場《ば》でぐるっと一回《ひとまわ》りしてください。はい、赤《あか》い色《いろ》はありましたか？　では、つぎに自分《じぶん》に向《む》かってはなしかけてください。『赤《あか》い色《いろ》が目《め》に入《はい》る、赤《あか》い色《いろ》が目《め》に入《はい》る』そしたら、もう一度《いちど》、その場《ば》でぐるっと一回《ひとまわ》り。はい。さっきより赤《あか》い色《いろ》が目《め》に入《はい》りましたね。

人《ひと》も同《おな》じなんです。いいところを見《み》ようとしなければ、いいところが目《め》に入《はい》りません。放《ほう》っておくと、悪《わる》いところばかりが目《め》につくのです。では、お母《かあ》さん、おばあちゃん。自分《じぶん》に言《い》い聞《き》かせてください。『いいところが目《め》に入《はい》る。いいところが目《め》に入《はい》る。』

では、つぎに、おたがいにいいところを紙《かみ》に書《か》いてみましょう。3つ以上《いじょう》書《か》いてください。書《か》いたら読《よ》みましょう。」

きっと仲良《なかよ》くなれると思《おも》うよ。

親《おや》が離婚《りこん》をするのって、不幸《ふこう》なことなの？

してほしくないね

離婚《りこん》が、不幸《ふこう》なのではないと思《おも》うよ。

お父《とう》さんとお母《かあ》さんが、いっしょに生活《せいかつ》するのが、いろいろな理由《りゆう》でむずかしくなってしまったのだから。

だけど、離婚《りこん》をきっかけに不幸《ふこう》になることは、あると思《おも》う。離婚《りこん》をきっかけに不幸《ふこう》にならないようにしたいものだね。

南泉《なんせん》和尚《おしょう》の知《し》り合《あ》いで、離婚《りこん》をした夫婦《ふうふ》がいたんだ。娘《むすめ》さんもいた。娘《むすめ》さんは、お母《かあ》さんといっしょにくらすことになったんだ。で

も、お父《とう》さんも年《ねん》に何回《なんかい》かいっしょに会《あ》うことになっていたんだ。

しばらくたったら、結婚《けっこん》していたときより、家族《かぞく》で会《あ》うのが、楽《たの》しくなったというんだ。毎日《まいにち》はきつかったけど、ときどきなら大丈《だいじょう》夫《ぶ》。むしろ、楽《たの》しく過《す》ごせるということもあるんだ。

娘《むすめ》さんにもお父《とう》さんは、しっかりとつながっているので、安心《あんしん》。そんな離婚《りこん》もあるんだね。

だから、離婚《りこん》をするのが、不幸《ふこう》なんじゃなく、離婚《りこん》のあと、どう生活《せいかつ》するかが、大事《だいじ》なんだと思《おも》うよ。

でも子《こ》どもとしては、親《おや》に離婚《りこん》はしてほしくないよね。

教《おし》えて！ 和尚《おしょう》さん 4

Q 死《し》んだらどうなるの？「あの世《よ》」に行《い》くの？

A 死《し》んだらどうなるのでしょうか？

それは、「あの世《よ》」に行《い》くのです。

あの世《よ》は、どうなっているのでしょうか？

それは、わかりません。

昔《むかし》の人《ひと》は、たくさんの想像《そうぞう》をしました。たくさんのおはなしが残《のこ》っているのは、あの世《よ》のことが知《し》りたかったからだね。

でも、お釈迦様《しゃかさま》は、言《い》っているんです。「あの世《よ》のことをどんなに考《かんが》えても、答《こた》えは出《で》ない。答《こた》えの出《で》ないことを考《かんが》えつづけることに時間《じかん》を使《つか》ってはいけない。答《こた》えの出《で》ないことを考《かんが》えるのをやめて、毎日《まいにち》を精《せい》いっぱい修行《しゅぎょう》しなさい。考《かんが》えなくてもいいんだ！」

あの世《よ》のことを考《かんが》えることより、今《いま》、このときをどう過《す》ごすかを真剣《しんけん》に考《かんが》え、過《す》ごすことにしたほうが、いいんじゃないかな？

教《おし》えて！和尚《おしょう》さん 5

Q 生《う》まれ変《か》わりって本当《ほんとう》にあるの？

A 生《う》まれ変《か》わりが、本当《ほんとう》にあるのかは、南泉和尚《なんせんおしょう》は、よくわからない。

ただ、生《う》まれ変《か》わりを一生《いっしょう》けんめい勉強《べんきょう》している人《ひと》たちがいることは、知《し》っている。大学《だいがく》で研究《けんきゅう》もされているよ。

生《う》まれ変《か》わりを信《しん》じている人《ひと》たちも知《し》っている。チベット仏教《ぶっきょう》の人《ひと》たちは、生《う》まれ変《か》わりを信《しん》じていて、「活仏《かつぶつ》」として、尊敬《そんけい》を集《あつ》めているよ。

日本《にほん》では、あまり語《かた》られていないけど、国《くに》や地域《ちいき》が異《こと》なると、大切《たいせつ》にすることも変《か》わるから、生《う》まれ変《か》わることもあるかもしれない。

もともと仏教《ぶっきょう》では、６つの種類《しゅるい》に生《う》まれ変《か》わると信《しん》じていたんだ。そこから抜《ぬ》け出《だ》すことを「解脱《げだつ》」といって、目標《もくひょう》にしていたんだよ。

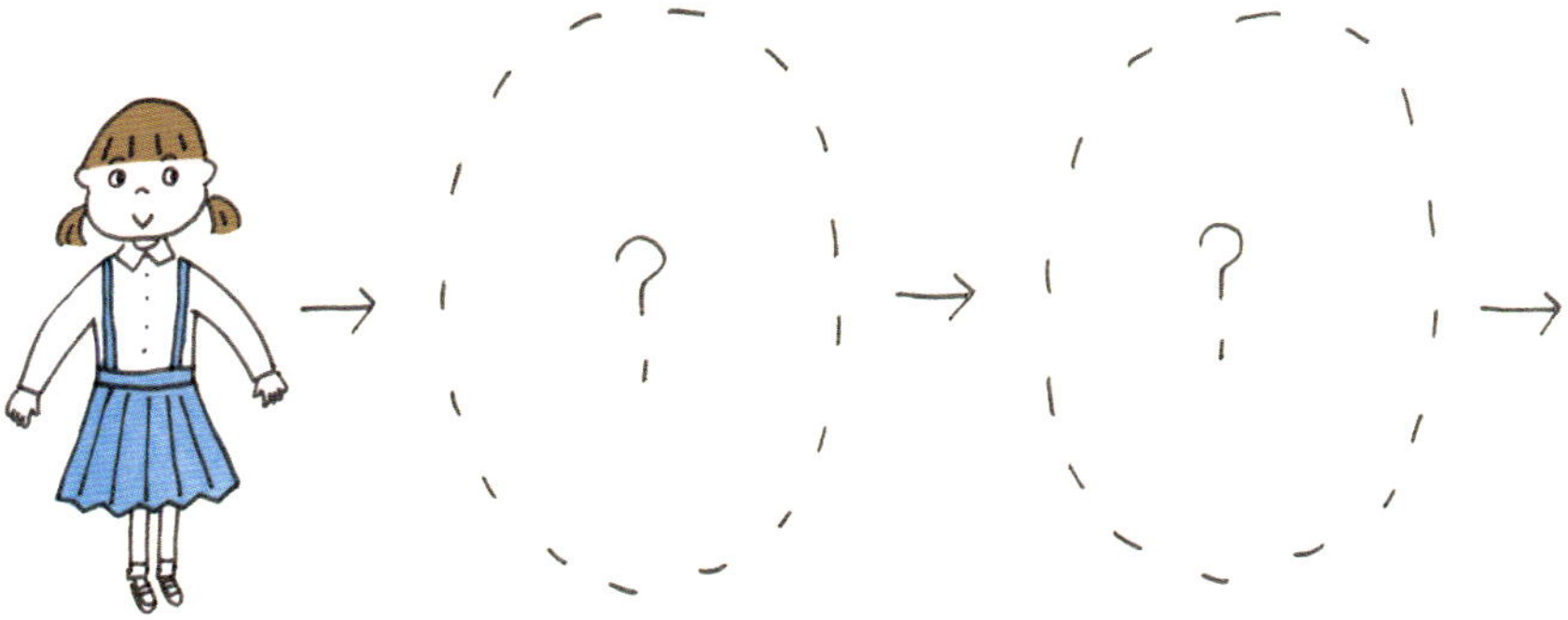

おわりに

最後《さいご》まで読《よ》んでくれてありがとう。
少《すこ》しこころがふっと軽《かる》くなったかな？

あなたが幸《しあわ》せな毎日《まいにち》を過《す》ごしたいと望《のぞ》むなら、こころが清《きよ》らかになるように行《おこな》い、ことばを使《つか》い、考《かんが》えることだよ。

そうすれば、きっと毎日《まいにち》が楽《たの》しくて、ハッピーになるよ。

人生《じんせい》は、楽《たの》しいことばかりじゃない。つらいことにも苦《くる》しいことにもあうのが、人生《じんせい》なんだ。

でもね、そんなときが来《き》ても、心配《しんぱい》はないよ。あなたならきっと乗《の》り越《こ》えることができる。あなたは、もうその力《ちから》をもっているんだ。

そう自分《じぶん》を信《しん》じて、自分《じぶん》をよくととのえて、一日一日《いちにちいちにち》を大切《たいせつ》に過《す》ごすことが大切《たいせつ》だよ。

そして、お父《とう》さんお母《かあ》さんや年上《としうえ》の人《ひと》を大切《たいせつ》に、友《とも》だちを大切《たいせつ》に、毎日《まいにち》を精《せい》いっぱい生《い》きていくこと。

未来《みらい》をつくり出《だ》すのは、あなただよ。

でも、何《なに》かこまったことがあったら、また楽《たの》しいことやうれしいことがあったら、お手紙《てがみ》くださいね。

ぜひ、学校《がっこう》によんでください。そのときは、よろこんで会《あ》いに行《い》きますよ。

南泉和尚《なんせんおしょう》は、ずっとあなたを応援《おうえん》しているからね〜。


最後《さいご》に、この本《ほん》を出版《しゅっぱん》するにあたり、ナツメ出版企画株式会社《しゅっぱんきかくかぶしきがいしゃ》の編集者《へんしゅうしゃ》田丸智子《たまるともこ》さんにこころから御礼申《おれいもう》し上《あ》げます。

時間《じかん》のかかる私《わたし》に、このような機会《きかい》をつくっていただいただけでなく、しんぼう強《づよ》く待《ま》っていただきました。

また、家族《かぞく》、お寺《てら》、会社《かいしゃ》、学園《がくえん》のスタッフに感謝《かんしゃ》します。執筆《しっぴつ》のために貴重《きちょう》な時間《じかん》をつくってくれ、支《ささ》えてくれました。

そして、今《いま》まで出会《であ》った、これから出会《であ》う、たくさんの子《こ》どもたちに感謝《かんしゃ》します。本当《ほんとう》に感動《かんどう》をありがとう！

みんながハッピーに

南泉《なんせん》

南泉和尚（なんせんおしょう）

日本百観音秩父札所十三番曹洞宗慈眼寺住職。学校法人弘道学園理事長、秩父こども園園長。

1959 年埼玉県秩父市生まれ。駒澤大学卒業。曹洞宗大本山総持寺で３年間修行後、98 年住職就任。秩父の観光振興やまちづくり、文化芸術活動など、地域活動や活性化に幅広く貢献。また祖父の代から続く秩父幼稚園（現秩父こども園）〈幼保連携型認定こども園〉では、子ども一人ひとりの力を引き出す教育保育が評判を呼び、入園希望者が殺到している。

著書に、『ほとけ様に教わった毎日をハッピーにする 90 の方法』（ディスカヴァー・トゥエンティワン）、『自分を大きく咲かせる「ブッダ」の言葉』（三笠書房）、『1 日 5 分　朝の「禅のことば」練習帖』（ナツメ社）、『日常の中で悟りをひらく 10 の徳目』（ディスカヴァー・トゥエンティワン）がある。

メールマガジン「南泉和尚の毎日をハッピーにする言葉」を配信している。

ブログ　南泉和尚の毎日をハッピーにする方法　http://nansen-oshou.com
連絡先　368-0042　埼玉県秩父市東町 26 番 7 号
秩父札所十三番慈眼寺　0494-23-6813

参考文献

『答えにくい子どもの「なぜ？」にお釈迦さまならこう言うね！』増田俊康著（主婦と生活社）
『人生の超難問　Q&A』ひろさちや著（集英社インターナショナル）
『13歳からの仏教塾』平井正修著（海竜社）
『心を育てるこども仏教塾　ブッダがせんせい』宮下真著（永岡書店）
『おしえてブッダせんせい　こころのふしぎ』宮下真著（永岡書店）
『つよくやさしい心を育てる　おしえてほとけさま』ひらたせつこ著（リベラル社）

和尚《おしょう》さんにきいてみよう！　大切《たいせつ》なこころのはなし

2018年１月３日　初版発行

著　者　南泉《なんせん》和尚《おしょう》

発行者　田村正隆
発行所　株式会社ナツメ社
東京都千代田区神田神保町1-52 ナツメ社ビル1F（〒101-0051）
電話 03（3291）1257（代表）　FAX 03（3291）5761　振替　00130-1-58661
制　作　ナツメ出版企画株式会社
東京都千代田区神田神保町1-52 ナツメ社ビル3F（〒101-0051）
電話 03（3295）3921（代表）
印刷所　株式会社リーブルテック

ISBN978-4-8163-6384-9　Printed in Japan

本書に関するお問い合わせは、上記、ナツメ出版企画株式会社までお願いいたします。